说文解世

——古代论说文集锦

苏　刚　郑方圆　编著

全国百佳图书出版单位
时代出版传媒股份有限公司
黄　山　书　社

图书在版编目(CIP)数据

说文解世——古代论说文集锦 / 苏刚，郑方圆编著. — 合肥：黄山书社，2015.7
（古典新读·第2辑，中国古代的诗书意趣）
ISBN 978-7-5461-5148-9

Ⅰ.①说… Ⅱ.①苏…②郑… Ⅲ.①议论文–中国–古代 Ⅳ.①H152.2

中国版本图书馆CIP数据核字（2015）第175822号

说文解世——古代论说文集锦
SHUOWEN JIESHI GUDAI LUNSHUOWEN JIJIN

苏刚 郑方圆 编著

出 品 人 任耕耘
总 策 划 任耕耘 蒋一谈
执行策划 马 磊 钟 鸣
项目总监 马 磊 高 杨
内容总监 毛白鸽
编辑统筹 张月阳 王 新
责任编辑 熊裕娟
图文编辑 王 屏
装帧设计 李 娜 李 晶
图片统筹 DuTo Time
出版发行 时代出版传媒股份有限公司（http://www.press-mart.com）
黄山书社（http://www.hspress.cn）
地址邮编 安徽省合肥市蜀山区翡翠路1118号出版传媒广场7层 230071
印 刷 安徽联众印刷有限公司
版 次 2015 年 10 月第 1 版
印 次 2015 年 10 月第 1 次印刷
开 本 710mm × 875mm 1/32
字 数 110千
印 张 4.5
书 号 ISBN 978-7-5461-5148-9
定 价 26.00 元

服务热线 0551-63533706
销售热线 0551-63533761
官方直营书店（http://hsssbook.taobao.com）

前言

人生是短暂的，富贵是相对的，但文章却可以跨越时空，指向永恒。为了超越有限的生命，实现人类精神世界的永恒，孔子可以视富贵如浮云，司马迁可以忍辱偷生，曹雪芹可以满纸荒唐……他们知道，他们的生命会在自己的文章里，千古奔流。中国人自古以来热衷于把生命中最精华的部分贯注到文章里。曹丕就把写文章视为“不朽”之路：“文章者，经国之大业，不朽之盛事也。”从布局谋篇，到遣词造句；从微言大义，到洪钟大吕，中国的论说文气象万千、群星璀璨。今天，这些论说文的作者虽早已作古，但他们的这些文章仍然流传于世间。如果世间有灵魂，他们一定不会孤独，因为在他们身后千百年

的今天，仍然有人看着他们的文章，努力与他们交流，体会他们的痛苦、分享他们的智慧、仰慕他们的高远。

论说文是一种散文的文体，目的在于说明事理、阐发见解、宣示主张。它的题材范围无所不包，大至宇宙天地、社会人生，小至一物一事、一言一行，都可以洋洋洒洒、下笔成文。其中一些流传至今的千古名篇，经过历史的淘洗，经历了历代读书人的品评，愈发光彩夺目。大浪淘沙，留下来的都是金子。

本书选编中国古代上自春秋，下至明清的经典论说文 19 篇，分为政治、经济、哲理、文学四大类别。这些作品凝聚了各个时代的文人对宇宙、人生、历史以及自我的深刻思考，也承载了中华民族一脉相承的道德观、价值观和审美观。徜徉于古代经典的字里行间，那些千百年来共同感知的情感拨动着我们的心弦，那些睿智的思考与沉吟启迪着现代人的智慧。

目录

指点江山——政治论说文

国计民生——经济论说文

天地大道——哲理论说文

激扬文字——文学论说文

指点江山——政治论说文

子产论政宽猛

郑子产有疾，谓子大叔曰：“我死，子必为政。唯有德者能以宽服民①，其次莫如猛。夫火烈，民望而畏之，故鲜死焉。水懦弱，民狎而玩之，则多死焉，故宽难。”疾数月而卒。

大叔为政，不忍猛而宽。郑国多盗，取②人于萑符③之泽。大叔悔之，曰：“吾早从夫子，不及此。”兴徒兵以攻萑符之盗，尽杀之，盗少止。

仲尼曰：“善哉！政宽则民慢④，慢则纠之以猛。猛则民残，残则施之以宽。宽以济猛；猛以济宽，政是以和。《诗》曰：‘民亦劳止，汔⑤可小康；惠此中国，以绥四方。’施之以宽也。‘毋从⑥诡随⑦，以谨无良；式遏寇虐，惨不畏明。’纠之以猛也。‘柔远能迩，以定我王。’平之以和也。又曰：‘不竞不絿⑧，不刚不柔，布政优优，百禄是遒⑨。’和之至也。”

及子产卒，仲尼闻之出涕曰：“古之遗爱也。”

——选自《左传·昭公二十年》（战国）

【注释】

①服民：使民众服从。
②取：同“聚”。
③萑符（huán fú）：春秋时郑国湖泽名，因常有盗贼出没而著名。
④慢：怠慢无礼。
⑤汔（qì）：接近，差不多。
⑥从：通“纵”。
⑦诡随：放肆谲诈。
⑧絿（qiú）：急，急躁。
⑨遒：迫近，聚集。

【解读】

在中国古代，“政治”指的就是帝王和大臣统治和管理国家的活动。“政”和“治”原本是两个不同的概念，“政”指国家的权力、制度和法令；“治”是指管理和教化人民、实现安定的状态。虽然从西汉以后，历朝历代的治国理念主要以儒家思想为主导，但不同的朝代，统治者的施政方式还是各有不同。无论哪个皇帝执掌了政权，政令总是在严苛与宽宥、残酷与仁慈两组极端之间摆动。

《子产论政宽猛》选自《左传·昭公二十年》。《左传》全称

《春秋左氏传》，由春秋末年鲁国的史官左丘明根据鲁国国史《春秋》编写而成，是中国古代第一部叙事详尽的编年史。本文的主人公之一子产，是春秋时期郑国的贵族。郑简公时，子产被立为卿，从公元前 543 年到前 522 年间执掌郑国的国政，是一位颇有作为的名臣。他最著名的事例是公元前 536 年的“铸刑书”，即把刑书法令铸在青铜的鼎器上，开创了古代公布成文法的先例。此外，在管理平民百姓的问题上，他提出了宽猛相济的策略。

《子产像》金农（清）

在子产病重的时候，他对子大叔说：“我死以后，您肯定会接替我主持国政。只有道德高尚的人才能用宽厚的政策来使民众服从。但如果退而求其次的话，没有比为政刚猛更有效的了。这就像熊熊燃烧的烈火，人们远远望见就害怕，因为不敢靠近，所以很少会有人被烧死。而流水看似柔弱，人们都愿意近水嬉戏，故很多人都被淹死在水中。由此可见，实施宽厚的政策是很难成功的。”子产病逝后，由子大叔执政。他不忍对民众太过严厉，施行的是宽柔的政策，郑国上下因此而盗寇横行。子大叔十分后悔，说：“如果我早听子产的话，也不会到现在的这个地步。”于是，他发兵去剿灭聚集在萑苻湖畔的盗寇，并将他们全部杀掉，这才稍微遏止住了盗寇。

孔子听说此事后，感叹道：“政策太过宽厚，民众就怠慢，不愿服从。这就需用刚猛的政策来纠正。但政策太过刚猛，民众就会受到伤害，那么再施以宽厚的政策来调整。用宽大来调和严厉，用严厉来补充宽大，政治因此得以了调和。如《诗经》上所说：‘民众接近劳累时，可以让他们小憩。赐予国中民众以恩惠，则是用来安抚四方。’以宽柔对待远方的民众，使大家得以亲近，以此来稳定我们的王朝，这就是施政宽厚。而不放纵奸诈，要防范邪恶，要遏止盗寇肆虐，就需要用刚猛来纠正。《诗经》上还说：‘不争斗，不急躁，不刚猛，不柔弱，政策平和，所有的福祉都会汇集过来。’这才是和平的极致啊。”

孔子对子产“宽猛相济”的治国方略赞赏不已，因此在子产去世时，孔子听到消息曾哭道：“他是古代圣贤的继承人啊。”整部《论语》中，被孔子评价为“古之遗爱”的仅此一人而已。

子大叔为政时，在严苛与宽仁之间摇摆不定，先是实行仁慈的政策，导致盗匪横行，后来又以残酷的征讨来补救，情况才稍有改变。那么，理想的政治是什么呢？孔子和子产都给出了明确的回答：在两组极端之间保持平衡，立法和执法都应斟情酌理，宽严结合，以宽济猛，以柔济刚，以黑济白。子产之所以得到孔子的赞叹，根源在于他深谙政治的平衡原则，深知宽和猛各有弊端。宽宥虽然是一种符合理想的治国方略，但执行起来很困难，一味宽宥更有导致政权倾覆的危险。孔子和子产都深谙政治之道、人生之道、天地之道，并非“不高不低谓之平，不争不抢谓之和”。每一种极端必然带来相应的副作用，那么，在两组极端之间不断调整，就成为了中国文化的核心——“和”。

召公谏厉王止谤

厉王①虐，国人②谤王。召公③告曰："民不堪命④矣！"王怒，得卫巫⑤，使监谤者。以告，则杀之。国人莫敢言，道路以目。

王喜，告召公曰："吾能弭⑥谤矣，乃不敢言。"召公曰："是障⑦之也。防民之口，甚于防川。川壅而溃，伤人必多，民亦如之。是故为川者⑧决之使导，为民者宣⑨之使言。故天子听政，使公卿⑩至于列士⑪献诗，瞽⑫献曲，史献书⑬，师箴⑭，瞍赋⑮，矇⑯诵，百工⑰谏，庶人传语，近臣尽规，亲戚⑱补察，瞽、史教诲，耆、艾⑲修⑳之，而后王斟酌焉，是以事行而不悖㉑。民之有口也，犹土之有山川也，财用于是乎出；犹其有原隰㉒

衍沃㉓也，衣食于是乎生。口之宣言也，善败于是乎兴㉔。行善而备败，其所以阜财用衣食者也。夫民，虑之于心，而宣之于口，成而行之，胡可壅也？若壅其口，其与㉕能几何？”

王弗听，于是国人莫敢出言。三年㉖，乃流王于彘㉗。

——选自《国语》（春秋）

【注释】

①厉王：周夷王之子，名胡，公元前878—前842年在位。
②国人：居住在国都里的平民百姓。
③召公：名虎，周厉王时期的卿士，谥穆公。邵，一作召。
④命：指周厉王苛虐的政令。
⑤卫巫：卫国的巫者。巫，以装神弄鬼为职业的人。
⑥弭（mǐ）：消除。
⑦障：堵塞。
⑧为川者：治水的人。
⑨宣：疏导。
⑩公卿：指执政大臣。古代有三公九卿之称。三公指太师、太傅、太保；九卿指少师、少傅、少保、冢宰、司徒、宗伯、司马、司寇、司空。
⑪列士：古代官员有上士、中士、下士之分，统称“列士”，位在大夫之下。
⑫瞽（gǔ）：盲人。因古代乐官多由盲人担任，故也称乐官为“瞽”。
⑬史：史官。书：指史籍。
⑭师：少师，乐官。箴：一种具有规诫性的文辞。
⑮瞍（sǒu）：没有眼珠的盲人。赋：有节奏地诵读。
⑯矇（méng）：有眼珠的盲人。瞍、矇均指乐师。

⑰百工：周朝职官名。指掌管营建制造事务的官员。
⑱亲戚：指君王的内外亲属。
⑲耆（qí）、艾：年六十叫耆，年五十叫艾，这里指年长的师傅。
⑳修：整理修饰。
㉑悖（bèi）：违背道理。
㉒原隰（xí）：平原和低湿之地。
㉓衍沃：指平坦肥沃的良田。
㉔兴：兴起、表露之意。
㉕与：语气助词，无意义。一说为“偕从”之义，句子的意思是问老百姓跟从你的能有多少？
㉖三年：周厉王于公元前842年被国人放逐到彘。据此，邵公谏厉王事当在公元前845年。
㉗乃流王于彘（zhì）：把国王放逐到彘地去。乃：终于，副词。流：流放，放逐。于：到，介词。彘：地名，在今山西省霍州境内。

【解读】

这篇文章选自《国语》，记述了周厉王施行暴政，引发暴动，最后被逐的过程。《国语》是我国古代第一部国别体史书，记载了西周穆王十二年到周贞定王十六年间（前990—前453）周王室和诸侯国的一些史实，内容与《左传》较接近，而文字则更为质朴简练。

周厉王是西周的第十位君王。他在位时已经是西周晚期，王室权势衰微，经济残破。为了应对这个局面，周厉王任用荣夷公，实行“专利”，即违背了周人共同享有山林川泽的传统，以国家的名义进行垄断，不准国人依山泽而谋生。这一做法引起了平民百姓的极大不满，人们纷纷私下里批评指责他。召穆公对周厉王说：“百姓已经忍受不了暴政了！”厉王听后大怒，找到卫国的巫师，让他们去暗中监视平民，谁要是再敢批评天子就抓起来杀掉。这样一来，国人再也不敢议论，哪怕相互认识的人在路上遇见，也只能交换个眼神算是打招呼，而不敢交谈。

周厉王颇为得意，对召穆公说：“我能消除批评的言论，他们再也不敢乱说话了！”召穆公回答说：“您这样做是堵住人们的嘴，这就好比阻塞住河水一样。河流被堵塞后，如果一旦决堤，伤害的人一定很多。而会治水的人是疏通河道，使水流畅通。对人民也是这样，当政的人只能开导民众，让人畅所欲言。君王理政时，要让公卿和各级官员敢言讽喻的诗、乐师敢于演奏民间的乐曲，而史官则敢献上能供借鉴的史籍；还要让少师敢于诵读箴言、盲人敢于诵读讽谏之辞，而掌管营建事务的百工敢于纷纷进谏，平民则敢于将自己的意见转达给君王；近侍之臣都要尽规劝之责，亲信们要能替君王补过失、察是非。元老们将以上所说的进行整理后交由君王斟酌取舍，并付诸实施。如此一来，国家实行的政事就会不违背道理。能够让人们发表议论，表达心中所想，政事的成败得失才能表露出来。要尽力去实行百姓认为的好事，想方设法去预防失误，这才是增加财富的途径。如果硬是堵住老百姓的嘴，不让他们议论批评，那赞许你的人也不会有多少。”但是，周厉王对召穆公的话依然不以为然，老百姓再也不敢公开发表言论了。

青铜虢季方壶（西周）

三年以后，即公元前 841 年，忍无可忍的国人终于暴动，手持棍棒、农具围攻王宫，要杀死周厉王。周厉王带着家眷亲信逃离国都镐京，沿着渭水一直逃到了彘地（今山西霍州）。公元前 828 年，厉王病死于彘。

周厉王逃走之后，暴动的国人攻进王宫。他们没找到周厉王，便到处寻找太子静以图泄愤。召穆公将太子藏了起来。国人围住召穆公的家，要他交出太子。于是，召穆公就把自己的孩子交了出去。愤怒的国人把召穆公之子当作太子杀死了。后来，在召穆公和另一位大臣周定公的安抚下，国人终于散去。此时王室无主，贵族们就推举周定公和召穆公暂时共同代理政事，被后人称为“周召共和”或“共和行政”。而这一年就是共和元年，被视为中国历史有确切纪年的开始。

周厉王缺乏作为国君的基本政治素质和智慧。首先，他“掩耳盗铃”的行为愚蠢无比，因为百姓嘴上不说不等于心无所想。其次，他治国的策略只是信仰“暴力”，而忘记了“民不惧死，奈何以死惧之”的道理。其三，他缺乏发现问题和改正问题的勇气。矛盾和问题总会存在，正是在发现问题和改正问题的过程中，事物才得以向前发展。一味以暴力压制言论自由，终究会如纸盖不住火，暴力压制不住人们的思想，也压制不了日益突出的社会矛盾。其四，周厉王缺乏作为一名统治者的胸怀，这个愚蠢小气的统治者不仅缺乏治理国家、解决矛盾的能力，而且外强中干，终于丢掉了自己的王位。

相对而言，召穆公则是一位头脑清醒而较有远见的政治家。他看到了允许百姓畅所欲言的重要性，提出了“防民之口，甚于防川”。无论是在哪一种社会制度之下，百姓心中有所感、有所怨、有所恨都是正常的。但是，一旦当人民连表达自己意见的权利都被剥夺时，这样的统治就即将到头了。历史总是惊人地相似，在一个王朝刚刚建立的时候，帝王往往励精图治、广开言路、善于纳谏，政治比较清明。而在一个王朝走向末路的时候，通常都会出现不听谏言、杀害言官的昏君，他们甚至以白色恐怖来恫吓百姓，监视、逮捕、暗杀，手段无所不用其极，最终导致政局黑暗，混乱不堪。当“国人莫敢言，道路以目”之时，离政权的灭亡就不远了。

谋　攻

孙子曰：凡夫用兵之法，全国①为上，破国②次之；全军③为上，破军次之；全旅④为上，破旅次之；全卒⑤为上，破卒次之；全伍⑥为上，破伍次之。是故百战百胜，非善之善⑦也；不战而屈人之兵，善之善者也。

故上兵⑧伐谋⑨，其次伐交⑩，其次伐兵，其下攻城。攻城之法为不得已。修橹轒辒⑪，具器械，三月而后成；距堙⑫，又三月而后已。将不胜其忿而蚁附⑬之，杀士卒三分之一，而城不拔者，此攻之灾也。

故善用兵者，屈人之兵而非战也，拔人之城而非攻也，毁人之国而非久也，必以全争于天下，故兵不顿而利可全，此谋攻之法也。

故用兵之法，十则围之，五则攻之，倍则分之，敌则能战之，少则能逃之，不若则能避之。故小敌之坚⑭，大敌之擒⑮也。

夫将者，国之辅也。辅周则国必强，辅隙则国必弱。故君之所以患于军者三：不知军之不可以进而谓之进，不知军之不可以退而谓之退，是谓縻军⑯；不知三军之事而同三军之政者，则军士惑矣；不知三军之权而同三军之任，则军士疑矣。三军既惑且疑，则诸侯之难至矣。是谓乱军引胜。

故知胜有五：知可以战与不可以战者胜，识众寡之用⑰者胜，上下同欲者胜，以虞待不虞者胜，将能而君不御者胜。此五者，知胜之道也。

故曰：知己知彼，百战不殆；不知彼而知己，一胜一负；不知彼不知己，每战必殆。

——选自《孙子兵法·谋攻篇》孙子（春秋）

【注释】

①全国：不战而使敌人整个国家降服。

②破国：以武力打败敌国而使其降服。
③军：古代军队编制，一万二千五百人为一军。
④旅：五百人为一旅。
⑤卒：一百人为一卒。
⑥伍：五人为一伍。
⑦善之善：善中之善，最好的。
⑧上兵：上等的战略。
⑨伐谋：以谋略来打败敌人。
⑩伐交：通过外交手段挫败敌方。
⑪辒辒（fén wēn）：又名辒辒车，古代攻城用的一种四轮无底木车，上蒙牛皮抵御城上箭矢，人在车中推车前行，可掩护士卒抵近城墙进行攻击，但无法直接破坏城墙。一车可藏十人左右。
⑫距堙：靠近敌城所筑的土山工事，可以观察城内情况，并可登城。
⑬蚁附：士卒攻城就像蚂蚁一样前赴后继，攀爬而上。
⑭小敌之坚：兵力弱于敌人，坚持硬战。
⑮大敌之擒：将被强大的敌人所擒。
⑯縻军：牵制军队。
⑰众寡之用：敌我兵力多少有不同，就按不同的方法来用兵。

【解读】

《谋攻》是春秋时期的军事家孙武所作的兵家著作《孙子兵法》中的一篇。孙武（约前 545—前 470），字长卿，齐国乐安（今山东广饶）人。他出生于贵族之家，自幼聪慧，勤奋好学，而且特别爱研究用兵之法。公元前 512 年，孙武来到吴国，由伍子胥推荐给吴王阖闾。孙武献上兵法十三篇，吴王阖闾阅后大为赞赏。为了验证孙武所献兵法的实际效用，阖闾命他训练宫中的美人。孙武在训练中再三申明军纪，而且斩掉了两名不听约束的吴王宠妃。宫人们受到震慑，进退无不听命。吴王

孙武像

苏州虎丘孙武子亭（图片提供：微图）

阖闾知道孙武确有治兵的才能，便将军队交给他来治理。在伍子胥和孙武的共同治理下，吴国的内政和军事都大有起色。

孙武在兵法上提出了一整套克敌制胜的战略战术。他总结了前代军事思想的成果，对夏商以来，特别是春秋时代的战争进行研究，并以自己的独到的见解将其融会贯通，形成一个思想严谨、结构合理的军事理论体系。《谋攻》是《孙子兵法》中的第三篇，讲的是以智谋攻城，即不用武力而利用各种手段使守敌投降。

孙子说：用兵打仗的原则，要使得敌方的整个国家降服才是上策，而用武力击败敌国就次一等；要使得敌人全军降服才是上策，而击败敌军就次一等；要使得敌人全旅降服才是上策，而击破敌旅就次一等；要使得敌人全卒降服才是上策，而击破敌卒就次一等；要使得敌人全伍降服才是上策，而击破敌伍就次一等。

因此，百战百胜并不算是最高明，不交战就使得全体敌人降服才是最高明的。上等的军事行动是用谋略挫败敌方的战略意图，其次就是用外交手段来战胜敌方，再次才是用武力击败敌军，而最下等的方法则是攻打敌人的城池。攻城是迫不得已的，是没有办法的办法。制造大盾牌和四轮车以及准备攻城的所有器械起码要三个月，而构筑攻城的土山工事又得三个月。如果攻城时将领情绪焦躁，命令士兵像蚂蚁一样前赴后继地去攻城，就算死伤三分之一的士兵，城池也难以攻下来，这就是攻城所带来的灾难。所以善于用兵的人，能不通过打仗就使敌人屈服、不通过攻城就使敌人投降，摧毁敌国不需要长期作战。要用“全胜”的策略争胜于天下，这样既不会使国力兵力受挫，又能够获得全面的胜利，这就是以谋略对敌的方法。

实际作战中的原则是：我方兵力十倍于敌军时，就包围起来歼灭之；我方兵力五倍于敌方时，就实施进攻；我方兵力两倍于敌军时，就要努力战胜敌军；敌我双方势均力敌时，则要设法使敌军分散，然后各个击破。如果我方兵力弱于敌军，就应避免正面作战，较弱的一方如果一味死拼固守，就会成为强敌的俘虏。

古代战车辕辒车示意图

领军的将帅是君王治理国家的助手。如果将帅的辅助之谋略周密而完备，国家就会强大，如果辅助之谋有缺失或疏漏，则国家就必会衰弱。而国君对军队的危害则有三种：其一，不知道军队不可前进而下令前进，不知道军队不可后退而下令后退，使部队受到束缚牵制；其二，不清楚军队的内部事务而干预军政，将士们会无所适从；其三，不知道战略战术的权宜变化，却插手军队的指挥，将士就会产生疑惑。军队一旦无所适从，又疑虑重重，其他诸侯就会趁机起兵作乱。这无异于自己扰乱了本国的军队，而将获胜的机会让给了敌人。

所以，要想预见胜利有五个方面：一、能准确判断仗能打或不能打的；二、能根据敌我双方兵力的多少采取对策的；三、全国、全军上下团结一致、同心协力的；四、以充分准备来对付毫无准备的；五、主将精通军事、精于权变，君主又不加干预的。这就是说，如果既了解敌方也了解己方，那每次战役都不会有失败的危险；如果不了解敌方而了解己方，那胜负的概率各半；如果既不了解对方又不了解己方，那么每战必败。

《谋攻》篇讲的主要是战略思想，为谋划进攻、确保胜利，要求统帅对战争有全局性的认识。谋攻，就是战前的运筹帷幄，孙武强调以“不战而屈人之兵”为最高的战略目标，就是尽量争取不开战而使敌方降服。全文以此为中心，逐层论述了伐谋、伐交、伐兵、攻城的战略地位以及如何谋划战役和部署兵力、保障将领的独立指挥权和知己知彼，等等。这些都是有关战略决策的全局性问题。

察　今

上胡不法先王之法①？非不贤也，为其不可得而法。先王之法，经乎上世而来者也，人或益之②，人或损之，胡可得而法？虽人弗损益，犹若不可得而法。东夏之命③，古今之法，言异而典殊。故古之命多不通乎今之言者，今之法多不合乎古之法者。殊俗之民，有似于此。其所为欲同，其所为异。口惽之命不愉④，若舟车衣冠滋味声色之不同。人以自是，反以相诽。天下之学者多辩，言利辞倒，不求其实，务以相毁，以胜为故。先王之法，胡可得而法？虽可得，犹若不可法。

凡先王之法，有要⑤于时也。时不与法俱至，法虽今而至，犹若不可法。故择先王之成法，而法其所以为法。先王之所以为法者，何也？先王之所以为法者，人也，而己亦人也。故察己则可以知人，察今则可以知古。古今一也，人与我同耳。有道之士，贵以近知远，以今知古，以益所见知所不见。故审堂下之阴⑥，而知日月之行，阴阳之变；见瓶水之冰，而知天下之寒，鱼鳖之藏也；尝一脟肉⑦，而知一镬之味，一鼎之调。

荆人欲袭宋，使人先表澭水⑧。澭水暴益，荆人弗知，循表而夜涉，溺死者千有余人，军惊而坏都舍⑨。向其先表之时可导⑩也，今水已变而益多⑪矣，荆人尚犹循表而导之，此其所以败也。今世之主法先王之法也，有似于此。其时已与先王之法亏矣，而曰此先王之法也，而法之，以此为治，岂不悲哉？

故治国无法则乱，守法而弗变则悖⑫，悖乱不可以持国。世易时移，变法宜矣。譬之若良医，病万变，药亦万变。病变而药不变，向之寿民⑬，今为殇子矣。故凡举事必循法以动，变法者因时而化，若此论则无过务矣。夫不敢议法者，众庶也；以死守者，有司也；因时变法者，贤主也。是故有天下七十一圣，其法皆不同；非务相反[14]也，时势异也。故曰：良剑期乎断，不期乎镆铘[15]；良马期乎千里，不期乎骥骜[16]。夫成功名者，此先王之千里也。

楚人有涉江者，其剑自舟中坠于水，遽契其舟，曰："是吾剑之所从坠。"舟止，从其所契者入水求之。舟已行矣，而剑不行，求剑若此，不亦惑乎？以此故法为其国，与此同。时已徙矣，而法不徙，以此为治，岂不难哉？

有过于江上者，见人方引婴儿而欲投之江中，婴儿啼。人问其故。曰："此其父善游。"其父虽善游，其子岂遽善游哉？此任物，亦必悖矣。

——选自《吕氏春秋·慎大览第三》（战国）

【注释】

①法先王之法：取法古代帝王的法令。

②益之：认为其有益。后句的"损之"，即认为其有损失。

③东夏之命：东，指东夷；夏，指华夏。东夷和华夏对事物的名称言词不同。

④口惛之命不愉：说话语言不通，无法相互晓谕。

⑤要：重大。

⑥阴：阴影，影子。指日月的影子。

⑦脟（luán）肉：切成块的肉。
⑧表澭（yōng）水：在澭水里设立标记。
⑨军惊而坏都舍：士兵们因惊恐发出的声音就像房屋倒塌的声音。而：如，好像。
⑩导：涉水，渡水。
⑪益多：指河水涨了许多。
⑫守法而弗变则悖：遵循成法而不懂变通是行不通的。
⑬向之寿民：即本来可以长寿的人。
⑭务相反：一定要有所不同。
⑮镆铘（mò yé）：有名的宝剑。春秋时吴王阖闾所有。
⑯骥骜（jì ào）：骥、骜都是千里马的名称。

【解读】

这篇《察今》选自《吕氏春秋·慎大览第三》的第八篇。《吕氏春秋》又名《吕览》，大约成书于公元前239年左右，是由秦国的丞相吕不韦与门客们集体编撰的一部论说性散文著作。书中分12纪、8览、6论，共26卷，再加一篇序文，共161篇（今存160篇），约20万言。

本文题目“察今”为后人所加，点出了本文的中心论点，即统治者必须考察当下的实际情况来制定政策，这也是中国历史千古不易的治国法则。

文中写道，当今的君主为什么不效法古代帝王的法度呢？并不是古代的法度不好，而是因为不能被效法。古代的法度经过前代流传下来，几经增补和删改，这就像东夷和华夏对各个事物的叫法不同一样，古代和当今的律制也不一样，而且其法度也不适用于当今。习俗不同的人虽然要达到的目的也许相似，但其做法却会截然不同。又好比各地由于对船、车、衣、帽、美味、音乐、色彩等的方言一样不容易被人通晓。天下有学识的人大都能说善辩，言谈锋利，而且往往自以为是，但是如果这些人颠倒是非，指定的法度不求符合

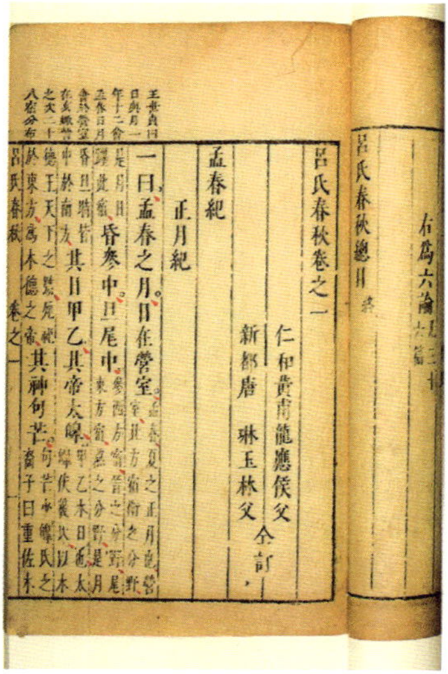

《吕氏春秋》书影

实际，只以互相诋毁、争胜为能事，那么他们所制定的古代君主的法度也不能被效法。

古代帝王的法度都是与当时的时势相符和的，然而时势却不能流传至今，所以当时的法度现在还是不可以效法的。应该放弃古代帝王现成的法度，只是去借鉴他们制定法度的依据。古代帝王制定法度的依据是人，考察自己就可以知道别人，考察现在就可以知道古代，古今道理是一样的。有道之人的可贵之处在于由近可以推远，由现在可以推知古代，由所见可以推知未见。这就像观察屋下的阴影，就可以知道日月的运行和阴阳的变化；看到瓶里的水结冰，就知道天气变冷，鱼鳖已经潜藏了；尝一块肉，就可以知道一锅肉的味道。

楚国人想攻打宋国，派人先在淮水中设置渡河的标志。结果淮水突然上涨，而楚国人仍然按照先前的标志趁夜渡河，结果淹死了一千多人，军队引起惊乱，溃败得就像城里瞬间倒塌的房屋一样。楚人失败的原因在于不顾情况发生了变化，仍然循规蹈矩。现在的君主要效法古代帝王的法度，就与这种情况相似。如今的时代早已经与古代帝王的法度不适应了，如果还要去效法，这样治理国家难道不是很可悲吗?

《水乡泛舟图》沈周（明）

治理国家没有法度就会出现混乱，但死守法度不加改变就会发生谬误。而谬误与混乱都是无法保住国家的。社会变化了，时代发展了，法度就应该随之进行改变。这就像高明的医生，面对病患的各种变化，所用的药物也需相应改变。生的病变了而用药却不变，那就会使本可以长寿的人成为短命的人。这就是说做事一定要依照法度，但变法的人要随着时代而变化。一般的百姓不敢议论法度，各级官吏则死守着已有的法度，而贤明的君主就会顺应时代去进行变法。古代有七十一位圣君享有天下，但他们的法度都各不相同。这并不是他们有意彼此相反，而是因为时代和形势的不同。好剑是要能斩断东西，而不是具有“镆铘”那样的美名；好马要能行千里之远，而不一定要有“骥骜”那样的美称；成就功业，才是古代帝王所希望达到的目的。

有句成语叫“刻舟求剑”，说的是楚国有个人乘船渡江，不小心把腰上的剑掉到了水里。他急忙在船边刻上记号，说：“这里就是我的剑掉下去的地方。”等船停了，他就从刻有记号的地方下水去捞剑。船已经动了，剑却没有移动，像这样寻找剑不是太糊涂了吗？用旧法来治理自己的国家，就与此人一样。时代已经改变了，如果法度不相应改变，想治理好国家是很难的。

另有一则故事，说的是在江边，有个人正想把一个小孩扔到江中，小孩吓得哇哇大哭。旁人问这人在干什么，他说：“这小孩的父亲善于游泳。”父亲善于游泳，难道儿子就一定会游泳吗？用这种方法来处理事情真是荒谬至极。而上面楚国军队的情况就与此相似。

围绕“察今”的论点，本文说明了法令制度的制定应从当时的社会实际出发，并随着形势的变化而改变的道理。文章语言简练而流畅，气势磅礴，论说过程正反结合，巧设比喻和寓言故事，将抽象的道理说得具体形象，深入浅出，趣味横生。察今立法、以法治国的主张，反映了先秦时期法家的思想，符合当时社会的需要，而且对于我们今天的改革开放，亦不乏借鉴的意义。自 20 世纪 80 年代以来，改革开放给中国带来了翻天覆地的变化。翻开中国漫长的历史，只要时代在发展，改革就会永远进行下去。其中所蕴含的真理，在 2000 多年前写就的这篇选自《吕氏春秋》的文章里，就得到生动的说明了。

过秦论

秦孝公①据崤函②之固，拥雍州③之地，君臣固守，以窥周室④，有席卷天下，包举宇内，囊括四海之意，并吞八荒⑤之心。当是时也，商君⑥佐之，内立法度，务耕织，修守战之具，外连衡而斗诸侯。于是秦人拱手⑦而取西河⑧之外。

孝公既没，惠文、武、昭襄⑨蒙故业，因遗策，南取汉中，西举巴、蜀，东割膏腴之地，北收要害之郡。诸侯恐惧，会盟而谋弱秦，不爱珍器重宝肥饶之地，以致天下之士，合从缔交，相与为一。当此之时，齐有孟尝，赵有平原，楚有春申，魏有信陵。此四君者，皆明智而忠信，宽厚而爱人，尊贤而重士，约从离衡，兼韩、魏、燕、楚、齐、赵、宋、卫、中山之众。于是六国之士，有宁越、徐尚、苏秦、杜赫之属为之谋，齐明、周最、陈轸、召滑、楼缓、翟景、苏厉、乐毅之徒通其意，吴起、孙膑、带佗、倪良、王廖、田忌、廉颇、赵奢之伦制其兵。尝以十倍之地，百万之众，叩关⑩而攻秦。秦人开关延敌，九国之师，逡巡而不敢进⑪。秦无亡⑫矢遗镞之费，而天下诸侯已困矣。于是从散约败，争割地而赂秦。秦有余力而制其弊，追亡逐北，伏尸百万，流血漂橹；因利乘便，宰割天下，分裂山河。强国请服，弱国入朝。延及孝文王、庄襄王，享国之日浅，国家无事。

及至始皇，奋六世之余烈，振长策而御宇内，吞二周而亡诸侯，履至尊而制六合，执敲扑而鞭笞天下，威振四海。南取百越⑬之地，以为桂林、象郡；百越之君，俛首系颈，委命下吏。乃使蒙恬北筑长城而守藩篱，却匈奴七百余里；胡人不敢南下而牧马，士不敢弯弓而报怨。于是废先王之道，焚百家之言⑭，以愚黔首；隳名城⑮，杀豪杰，收天下之兵，聚之咸阳，销锋镝⑯，铸以为金人十二[17]，以弱天下之民。然后践华为城，因河为池，据亿丈之城[18]，临不测之渊，以为固。良将劲弩守要害之处，信臣精卒陈利兵而谁何。天下已定，始皇之心，自以为关中之固，金城千里，子孙帝王[19]万世之业也。

始皇既没，余威震于殊俗[20]。然陈涉瓮牖绳枢[21]之子，氓隶[22]之人，而迁徙之徒[23]也；才能不及中人，非有仲尼、墨翟之贤[24]，陶朱、猗顿之富[25]；蹑足行伍之间，而倔起阡陌[26]之中，率疲弊之卒，将数百之众，转而攻秦，斩木为兵，揭竿为旗，天下云集响应，赢粮而景从[27]。山东豪俊遂并起而亡秦族矣。

且夫天下非小弱也，雍州之地，崤函之固，自若也。陈涉之位，非尊于齐、楚、燕、赵、韩、魏、宋、卫、中山之君也；锄耰[28]棘矜，非铦[29]于钩戟长铩也；谪戍之众，非抗于九国之师也；深谋远虑，行军用兵之道，非及向时之士也。然而成败异变，功业相反，何也？试使山东之国与陈涉度长絜[30]大，比权量力，则不可同年而语矣。然秦以区区之地，致万乘之势，序八州[31]而朝同列[32]，百有余年矣；然后以六合为家，崤函为宫；一夫作难而七庙隳，身死人手，为天下笑者，何也？仁义不施而攻守之势异也。

——贾谊（汉）

【注释】

①秦孝公：（前 381—前 338）战国时秦国的国君，名渠梁。他在位时任用商鞅变法，使秦国富兵强。

②崤（xiáo）函：崤山和函谷关。函谷关在今河南省灵宝县，崤山在函谷关东边，地理位置险要。

③雍州：包括今陕西省中部和北部、甘肃省除去东南部的大部分地区、青海省的东南部和宁夏回族自治区一带地方。

④周室：这里指周天子的权势。战国初期，周王室十分衰弱，辖地只有三四十座城池，三万多人口。

⑤八荒：原指八方荒远之地，这里指“天下”。

⑥商君：即商鞅（约前 390—前 338），战国时卫人，姓公孙，名鞅，因封于商，号商君。他辅助秦孝公变法，使秦国富强。

⑦拱手：两手合抱，形容毫不费力。

⑧西河：又称“河西”，今陕西东部黄河西岸地区。

⑨惠文、武、昭襄：即惠文王、武王、昭襄王。惠文王是孝公的儿子，武王是惠文王的儿子，昭襄王是武王的异母弟。

⑩叩关：攻打函谷关。叩，击。

⑪九国之师，逡巡而不敢进：九国，就是上文的韩、魏、燕、楚、齐、赵、宋、卫、中山。逡巡，有所顾虑而徘徊或不敢前进。

⑫亡：逃亡的军队。北：败北的军队。

⑬百越：古代越族居住在江、浙、闽、粤各地，每个部落都有名称，而统称“百越”。

⑭焚百家之言：指秦始皇焚书坑儒。百家之言，诸子百家各学派的著作。

⑮隳名城：毁坏高大的城墙。

⑯销锋镝：销毁兵器。镝，箭头。
⑰金人十二：据《史记·秦始皇本纪》载，秦始皇“收天下兵，聚之咸阳，销以为钟鐻，金人十二，重各千斤，置廷宫中”。
⑱亿丈之城：指华山。不测之渊，指黄河。
⑲子孙帝王：子子孙孙称帝称王。
⑳殊俗：不同的风俗，指边远的地方。
㉑瓮牖绳枢：以破瓮做窗户，用草绳替代户枢系门板，形容家里贫穷。
㉒氓隶：农村中地位低下的人。陈胜少时为人佣耕，所以称为“氓隶”。
㉓迁徙之徒：被征发戍边的人，指陈胜在秦二世元年被征发戍守渔阳。
㉔仲尼、墨翟之贤：仲尼，即春秋时儒家思想的创始人孔子，名丘，字仲尼。墨翟，即战国初年墨家思想的创始人墨子，名翟。二人都是古代先贤，著名的思想家。
㉕陶朱、猗顿之富：陶朱，即春秋末年吴国的名臣范蠡，在辅佐越王勾践攻灭吴国之后急流勇退，辞官从商，富甲天下，号“陶朱公”，被后世商人奉为始祖。猗顿，原是春秋时鲁国的穷书生，曾向范蠡请教致富之道，后成为倾国巨富。
㉖阡陌：本意是田间小道，这里指民间。
㉗赢粮而景从：担着干粮如影随形地跟从着。
㉘耰（yōu）：古代的一种碎土平田用的农具，似耙而无齿。
㉙铦：锋利。
㉚絜（xié）：衡量。
㉛序八州：给八州按次第排列座次。古时天下分九州，秦居雍州，六国分别居于兖州、冀州、青州、徐州、豫州、荆州、扬州、梁州八州。
㉜朝同列：使六国诸侯都来朝见。

【解读】

这篇《过秦论》的作者是西汉初年的政论家和散文家贾谊，全文分为上、中、下三篇，此处所选的是影响最大的上篇。“过秦”是指出秦之过失的意思，文章通过对秦朝历史的回顾，指出秦国变法图强而得天

贾谊像

湖南长沙贾谊故居的长怀井（图片提供：微图）

下，后因“仁义不施”而不能守天下。

秦孝公占据了崤山和函谷关的险要之地，拥有了雍州的土地。秦国君臣一心固守国土的同时，想要伺机夺取东周王室的权力，进而统一天下。在此时，商鞅辅佐秦孝公，对内建立法规制度，鼓励农耕纺织，修造攻防的兵器军械；对外实行连横的策略，使各诸侯国自相争斗。因此，秦人轻而易举地夺取了黄河以西的土地。

秦孝公死后，惠文王、武王、昭襄王承继先前的基业，沿袭前代的策略，向南夺取汉中，向西攻取巴、蜀，向东割取肥沃之地，向北占领战略要地。各诸侯国十分恐慌，共同会盟商议削弱秦国的方法，并不惜以奇珍异宝和肥沃土地来招纳天下的贤才。齐国的孟尝君，赵国的平原君，楚国的春申君，魏国的信陵君，这四位封君都有见识有智谋，心地诚恳而讲究信义，待人宽厚而爱惜百姓，尊重贤才而重用士人。他们以合纵之约击破了秦国的连横之策，联合韩、魏、燕、楚、齐、赵、宋、卫、中山各国的部队，这其中有宁越、徐尚、苏秦、杜赫等人来出谋划策，有齐明、周最、陈轸、召滑、楼缓、翟景、苏厉、乐毅等人沟通各方的意见，有吴起、孙膑、带佗、倪良、王廖、田忌、廉颇、赵奢等人来统率军队。盟约国曾凭借十倍于秦的土地和上百万的军队攻打函谷关，企图进攻秦国。但是秦人打开函谷关口迎战，九国的军队却有所顾虑而徘徊不敢入关。秦人还没有耗费一兵一卒，天下的诸侯就已窘迫不堪。因此，纵约失败了，各国只好争相割地来贿赂秦国。而秦国则有剩余力量趁各国困乏之时分而治之，追赶逃走的败兵。百万败兵横尸道路之上，流淌的血液甚至让盾牌漂了起来。秦国凭借这有利的形势割取了天下的土地，重新划分了山河的区域。诸侯中的强国主动表示臣服，而弱国则入秦朝拜，这种情况一直延续到孝文王、庄襄王时期。

秦始皇嬴政登位以后，继承和发展前面秦国六世国君遗留下来的功业，通过武力将东周王室和各诸侯国统统消灭。嬴政登上了皇帝的宝座，统治天下，威风震慑四海，用严酷的刑罚来奴役天下百姓。秦始皇向南攻取百越的土地，将其划为桂林郡和象郡。百越的君主低下了头，脖子上捆着绳子以示臣服，并把性命交给秦国的司法官吏。秦始皇又命令大将蒙恬在北方修筑长城，守卫边境，使匈奴退却七百多里，胡人不敢到南边来放牧。接下来，秦始皇又废除了古代帝王的治世之道，焚烧诸子百家的著作，实行愚民政策；毁坏了各诸侯国高大的城墙，杀掉了诸多的英雄豪杰；将天下兵器收缴集中到咸阳，用兵刃和箭头冶炼铸造成十二个铜人，以削弱民间

始皇诏方升（秦）

这是一件秦代铜量器，容积为当时的一升。其外壁一侧竖刻有秦始皇二十六年（前221）统一度量衡的诏书。

的反抗力量；凭借着高耸的华山和奔腾的黄河为屏障，良将强兵手执弓弩守卫着要害之地。天下已经安定，秦始皇一心认为这关中险峻的地势和方圆千里的坚固城防，是其子子孙孙称帝称王直至万代的基业。

秦始皇去世后，他的余威虽然依旧震慑着边远地区。但是，陈涉却揭竿而起。陈涉不过是个以破瓮做窗户、草绳做户枢的穷人子弟，后来被征发戍边，成了戍卒。他的才能其实连一般人也及不上，更没有孔丘、墨翟那样的贤德，也没有陶朱、猗顿那般富有。陈涉跻身于戍卒队伍中，在田野间突然发难，率领几百疲惫的士兵进攻秦国。他们砍下树枝当武器，举起竹竿当旗帜。天下豪杰像云一样聚集过来，像回声般地应和他，许多人自带粮食如影随形跟着他。崤山以东的这些英雄豪杰一齐举事，最终消灭了秦朝皇室。

而当时，秦朝的天下并没有被缩小削弱，雍州的地势、崤山和函谷关的险固还是保持着原来的样子。陈涉的地位也远远比不上齐、楚、燕、赵、韩、魏、宋、卫、中山诸国君的尊贵。起义军的锄头木棍也没有钩戟长矛锋利，这些迁谪戍边的士兵的战斗力其实根本不能和九国部队抗衡。至于深谋远虑、行军用兵的策略，陈涉他们

秦始皇陵兵马俑阵

更是比不上先前九国的武将谋臣。但是结果却完全相反，条件好的失败了，而条件差的却成功了，这是为什么呢？一百多年前，秦国凭借着它小小的地方，发展到兵车万乘的国势，统摄天下，使六国诸侯都来朝见；之后又把天下作为家业，而崤山、函谷关又是固若金汤。没想到陈涉一起义国家就灭亡了，连秦王子婴都死在别人手里，被天下人所耻笑。这都是因为秦王朝不施行仁政，才使攻守的形势发生了变化。

《过秦论》是贾谊最著名的政论文，同时具有很高的文学价值，在后世历代的文选之中几乎都能看到此文。贾谊（前 200—前 168），年少时就颇有才名，18 岁就以善文为人称道。汉文帝时，贾谊任博士，迁太中大夫，不久因受排挤，被谪为长沙王太傅，所以后世亦称“贾长沙”、“贾太傅”。三年后，汉文帝想念贾谊，征召入京，在未央宫祭神的宣室中接见贾谊。文帝向贾谊询问鬼神之事，贾谊为他详细讲述其中的道理，一直谈到深夜，汉文帝听得不觉移坐到席的前端。谈论完了，汉文帝说：“我很久没见贾生，自以为超过他了，如今看来还是比不上他啊。”唐代诗人李商隐曾据此事写了《贾生》一诗：“宣室求贤访逐臣，贾生才调更无伦。可怜夜半虚前席，不问苍生问鬼神。”

贾谊写作《过秦论》的目的不仅是论秦的过失，他所处的西汉文帝时代虽然政局较为稳定，但是经济凋敝，民生困苦。他曾多次上疏，评论时政，《过秦论》就是借说秦之过来劝谏汉文帝以古鉴今，施行仁政，“安土息民”，以求得王朝的长治久安。全文五段，前四段叙史，概括了秦自孝公（前 361）崛起，到二世灭亡（前 207）的整个兴亡过程，最后一段发表议论，归纳出秦灭亡原因的是“仁义不施”。这虽是一篇政治论说文，但贾谊在文中却以叙述为主，以叙代议。开篇不言秦之过失而历举秦之功业与盛世，手法上多用辞赋的铺排与渲染，行文多见骈偶，形成了一种波澜壮阔的气势。在论说的过程中，作者又采用了对比的方式，将六国与秦对比，说明秦国实力之强；然后将陈涉与秦对比，一弱一强形成强烈反差；最后将陈涉与六国对比，从侧面反衬出秦朝的灭亡，问题不在对手，而在于其本身。

答苏武书

子卿足下①：

勤宣令德②，策名③清时④，荣问⑤休畅，幸甚幸甚！远托异国⑥，昔人所悲；望风怀想，能不依依！昔者不遗，远辱还答，慰诲勤勤，有逾骨肉，陵虽不敏，能不慨然！

自从初降，以至今日，身之穷困，独坐愁苦。终日无睹，但见异类⑦。韦鞲毳幕⑧，以御风雨。膻肉酪浆⑨，以充饥渴。举目言笑，谁与为欢？胡地玄冰⑩，边土惨裂，但闻悲风萧条之声。凉秋九月，塞外草衰。夜不能寐，侧耳远听，胡笳⑪互动，牧马悲鸣，吟啸成群，边声四起。晨坐听之，不觉泪下。嗟乎子卿！陵独何心，能不悲哉！

与子别后，益复无聊。上念老母，临年被戮；妻子无辜，并为鲸鲵⑫；身负国恩，为世所悲。子归受荣，我留受辱，命也何如！身出礼义之乡，而入无知之俗；违弃君亲之恩，长为蛮夷之域，伤已！令先君之嗣，更成戎狄之族，又自悲矣。功大罪小，不蒙明察，孤负陵心区区之意。每一念至，忽然忘生。陵不难刺心⑬以自明，刎颈以见志，顾国家于我已矣，杀身无益，适足增羞，故每攘臂⑭忍辱，辄复苟活。左右之人，见陵如此，以为不入耳之欢，来相劝勉。异方之乐，只令人悲，增忉怛⑮耳。

嗟乎子卿！人之相知，贵相知心，前书仓卒，未尽所怀，故复略而言之。

昔先帝⑯授陵步卒五千，出征绝域⑰。五将⑱失道，陵独遇战，而裹万里之粮，帅徒步之师，出天汉⑲之外，入强胡之域，以五千之众，对十万之军，策疲乏之兵，当新羁之马。然犹斩将搴旗，追奔逐北，灭迹扫尘⑳，斩其枭帅㉑。使三军之士，视死如归。陵也不才，希当大任。意谓此时，功难堪[22]矣。匈奴既败，举国兴师。更练[23]精兵，强逾十万。单于临阵，亲自合围。客主之形，既不相如；步马之势，又甚悬绝。疲兵再战，一以当千，然犹扶乘[24]创痛，决命争首。死伤积野，余不满百，而皆扶病，不任干戈。然陵振臂一呼，创病皆起，举刃指虏，胡马奔走。兵尽矢穷，人无尺铁，犹复徒首[25]奋呼，争为先登。当此时也，天地为陵震怒，战士为陵饮血[26]。单于谓陵不可复得，便欲引还，而贼臣[27]教之，遂使复战，故陵不免耳。

昔高皇帝以三十万众，困于平城[28]。当此之时，猛将如云，谋臣如雨，然犹七日不食，仅乃得免。况当陵者，岂易为力[29]哉？而执事者云云，苟怨陵以不死。然陵不死，罪也。子卿视陵，岂偷生之士而惜死之人哉？宁有背君亲，捐妻子，而反为利者乎？然陵不死，有所为也，故欲如前书之言，报恩于国主耳[30]。诚以虚死不如立节，灭名[31]不如报德也。昔范蠡不殉会稽之耻[32]，曹沫不死三败之辱[33]，卒复勾践之仇，报鲁国之羞。区区之心，窃慕此耳。何图志未立而怨已成，计未从而骨肉受刑，此陵所以仰天椎心而泣血也[34]。

足下又云："汉与功臣不薄。"子为汉臣，安得不云尔乎？昔萧樊囚絷[35]，韩、彭[36]菹醢[37]，晁错[38]受戮，周、魏见辜[39]。其余佐命[40]立功之士，贾谊亚夫[41]之徒，皆信命世之才，抱将相之具，而受小人之谗，并受祸败之辱，卒使怀才受谤，能不得展[42]。彼二子[43]之遐举，谁不为之痛心哉？

陵先将军[44]，功略盖天地，义勇冠三军，徒失贵臣[45]之意，刭身绝域之表。此功臣义士所以负戟而长叹者也。何谓不薄哉？且足下昔以单车之使，适万乘之虏。遭时不遇，至于伏剑[46]不顾；流离辛苦，几死朔北[47]之野。丁年[48]奉使，皓首而归；老母终堂[49]，生妻去帷[50]。此天下所希闻，古今所未有也。蛮貊[51]之人，尚犹嘉子之节，况为天下之主乎？陵谓足下当享茅土之荐[52]，受千乘之赏[53]。闻子之归，赐不过二百万，位不过典属国[54]，无尺土之封，加子之勤。而妨功害能之臣，尽为万户侯；亲戚贪佞之类，悉为廊庙宰[55]。子尚如此，陵复何望哉？且汉厚诛[56]陵以不死，薄赏子以守节，欲使远听之臣望风驰命，此实难矣，所以每顾而不悔者也。陵虽孤恩[57]，汉亦负德。昔人有言："虽忠不烈，视死如归。"陵诚能安[58]，而主岂复能眷眷乎？男儿生以不成名，死则葬蛮夷中，谁复能屈身稽颡[59]，还向北阙[60]，使刀笔之吏[61]弄其文墨邪？愿足下勿复望陵。

嗟乎子卿，夫复何言！相去万里，人绝路殊。生为别世之人，死为异域之鬼。长与足下生死辞矣。幸谢故人[62]，勉事圣君[63]。足下胤子无恙[64]，勿以为念。努力自爱，时因北风，复惠德音。李陵顿首。

——选自《古文观止》李陵（汉）

【注释】

①子卿：苏武的字。
②令德：美德。令，美。
③策名：臣子的姓名书写在国君的简策上。这里指做官。
④清时：政治清明的时世。此处指昭帝在位时期。
⑤荣问：好名声。问，通"闻"。
⑥异国：此指匈奴。
⑦异类：古代对少数民族的贬称。此处指匈奴。
⑧韦鞲（gōu）毳（cuì）幕：皮革制的长袖套和毛毡制成的帐篷。

⑨膻（shān）肉酪（lào）浆：气味腥膻的羊肉和牲畜的乳汁。
⑩玄冰：黑色的冰。形容冰结得厚实，极言天气寒冷。
⑪胡笳：古代我国北方民族的管乐，其音悲凉。此处指胡笳吹奏的音乐。
⑫鲸鲵（jīng ní）：鲸鱼雄的叫“鲸”，雌的叫“鲵”。原指凶恶之人，此处借指被牵连诛戮的人。
⑬刺心：自刺心脏，意指自杀。
⑭攘（ráng）臂：捋起袖口，露出手臂，是准备劳作或搏斗的动作。《孟子·尽心下》载，晋勇士冯妇能杀猛虎，后来要做善人，便发誓不再打虎。可是，一次遇上众人制服不了老虎的险情，冯妇虽然明知自己会因违背做善人的诺言（不打虎）而受耻笑，仍然“攘臂下车”去打虎。文中暗用冯妇之典为作者开脱。
⑮忉怛（dāo dá）：悲痛。
⑯先帝：已故的皇帝，指汉武帝。
⑰绝域：极远的地域。此处指匈奴居住地区。
⑱五将：五员将领，姓名不详。《汉书》未载五将失道的事，唯《文选》李善注载：“《集》表云：‘臣以天汉二年到塞外，寻被诏书，责臣不进。臣辄引师前。到浚会、稽山，五将失道。’”
⑲天汉：武帝年号。文中指汉朝控制的区域。
⑳灭迹扫尘：喻肃清残敌。
㉑枭（xiāo）帅：骁勇的将帅。
㉒难堪：难以相比。堪，胜（shèng），能够承担或承受。
㉓练：同“拣”，挑选。
㉔扶：支持，支撑。乘：凌驾，此处有不顾的意思。《汉书·李陵传》：“士卒中矢伤，三创者载辇，两创者将车，一创者持兵战。”
㉕徒首：光着头，意指不穿防护的甲衣。
㉖饮血：指饮泣。形容极度悲愤。《文选》李善注：“血即泪也。”
㉗贼臣：指叛投匈奴的将官。
㉘“昔高皇帝”二句：是说从前（指公元前200年，即汉高祖七年）高祖皇帝（即高祖刘邦）亲率大军三十万驻平城（今山西省大同市东），准备伐匈奴，被冒顿单于带领四十万骑兵围困七日之久。
㉙为力：用力，用兵。
㉚“故欲”二句：据《文选》李善注载：“李陵前与苏子卿书云：‘陵前为子卿死之计，所以然者，冀其驱丑虏，翻然南驰，故且屈以求伸。若将不死，功成事立，则将上报厚恩，下显祖考之明也。’”
㉛灭名：名声泯灭。“灭名”与“虚死”对应，是取身无谓而死、名

也随之俱灭之意。

㉜昔范蠡不殉会稽之耻：前494年（鲁哀公元年）越王勾践兵败，率五千人被围在会稽山，向吴王夫差求和，范蠡作为人质前往吴国，而并未因求和之耻自杀殉国。范蠡，字少伯，春秋楚国宛（今河南省南阳县）人，是辅助勾践振兴越过、兴师灭吴重要谋士。后至齐，改名鸱夷子皮。晚年经商，称陶朱公。

㉝曹沫（mèi）不死三败之辱：曹沫曾与齐国作战，三战三败，并不因屡次受辱而自杀身死。曹沫，春秋鲁国人，以勇力事鲁庄公。前681年（鲁庄公十三年），齐桓公伐鲁，庄公请和，会盟于柯（今山东省东阿县西南），曹沫以匕首劫持桓公，迫使他全部归还战争中侵占的鲁国土地。

㉞椎心、泣血：形容极度悲伤。椎，用椎打击。泣血，无声痛哭。

㉟萧：萧何（？—前193），沛（今江苏省沛县）人，辅助刘邦建立基业，论功第一。他曾因为请求上林苑向老百姓开放而遭囚禁。樊：樊哙（？—前189），沛人。从刘邦起兵，屡建功勋，封舞阳侯。曾因被人诬告与吕后家族结党而被囚拘。

㊱韩：韩信（？—前196），淮阴（今江苏省淮阴市）人，刘邦手下大将，屡建奇功。他因要响应陈狶起兵造反，被吕氏斩首。彭：彭越（？—前196），昌邑（今山东省金乡县西北）人，刘邦的大将，多建军功，封梁王。他因造反被囚，后被处死。

㊲菹醢（zū hǎi）：剁成肉酱，是古代一种残酷的死刑。

㊳晁错（前200—前154）：颍川（今河南禹县）人。汉景帝时，他建议削各诸侯国封地。后吴楚等七国诸侯起兵造反，晁错因而被杀。

㊴周：周勃（？—前169），沛人，西汉开国功臣，早年跟随刘邦起事，以军功封为将军，拜绛侯。吕后死后，周勃与陈平共诛诸吕，拥立汉文帝。周勃曾被诬告欲造反而下狱。魏：魏其侯窦婴（？—前131），字王孙，观津（今河北省衡水县东）人，窦太后侄。汉景帝时，平定吴楚七国之乱有功，封魏其侯。与灌夫为至交。汉武帝时，灌夫因与丞相田蚡结仇下狱，窦婴力图相救，受牵连而被诛。见：受。辜：罪。

㊵佐命：辅助帝王治理国事。

㊶亚夫：即周亚夫（？—前143），周勃之子，封条侯，曾屯军细柳（今陕西省咸阳市西南），以军令严整闻名。汉景帝时，任太尉，率师平定七国叛乱。

㊷“并受”句：指贾谊被在朝权贵（周勃、灌婴、张相如、冯敬等）排斥，流放长沙；周亚夫因其子私购御物下狱，被诬谋反，绝食而死。

㊸二子：指贾谊、周亚夫。
㊹陵先将军：指李广。
㊺贵臣：指卫青。卫青为大将军伐匈奴，李广为前将军，被遣出东道，因东道远而难行，迷惑失路，被卫青追逼问罪，含愤自杀。
㊻伏剑：以剑自杀。此句是说，苏武在卫律逼降时，引佩刀自刺之事。
㊼朔北：北方。这里指匈奴地域。
㊽丁年：成丁的年龄，即成年。这里强调苏武出使时正处壮年。
㊾终堂：死在家里。终：死。
㊿去帷：改嫁。去，离开。
51蛮貊（mò）：泛指少数民族。这里指匈奴。貊，古代对居于东北地区民族的称呼。
52茅土之荐：指赐土地、封诸侯。古代帝王社稷之坛有五色土，分封诸侯则按封地方向取坛上一色土，以茅包之，称茅土，给所封诸侯在国内立社坛。
53千乘之赏：指封诸侯之位。古代诸侯国称“千乘之国”。
54典属国：官名。掌管民族交往事务，位在三公之下，属官有九译令。秩中二千石，即每月受俸一百八十斛。
55廊庙宰：即指朝廷中掌权的人。廊庙，殿四周的廊和太庙，是帝王与大臣议论政事的地方，因此称朝廷为“廊庙”。
56厚诛：严重的惩罚。
57孤恩：辜负恩情。恩，此指上对下的好处。下句“负德”之“德”偏指下对上的功绩。
58安：安于死，即视死如归之意。
59稽颡（sǎng）：叩首，以额触地。颡，额。
60北阙：原指宫殿北面的门楼，后借指帝王宫禁或朝廷。
61刀笔之吏：主办文案的官吏，往往通过文辞左右案情的轻重。
62幸：希望。故人：老朋友。此处指任立政、霍光、上官桀等人。
63圣君：指汉昭帝刘弗陵。
64胤（yìn）子：儿子。苏武曾娶匈奴女为妻，生子名叫苏通国，苏武回国时他仍留在匈奴，汉宣帝时才回到汉朝。

【解读】

战国时代，诸侯并起、各国争锋的时代让国君们求贤若渴。很多士人的风头甚至盖过国君。秦汉一统天下之后情况变了，人才的前途取决于君主的任用。英雄空有一腔报国之志，却失去了舞台。然而更加不幸的是英雄虽然有了舞台，结局却是沦为政治的牺牲品。李陵就是这样一个不幸的人。

李陵像

李陵是西汉名将“飞将军”李广的孙子，也是一位能征善战的将军，不仅精于骑射，而且爱护士卒。西汉天汉二年（前 99）秋，武帝派宠妃李夫人的哥哥、贰师将军李广利率领三万骑兵在祁连山征讨匈奴右贤王，李陵随李广利出征。武帝派李陵率领步兵射手五千人，出兵到居延海以北大约一千里的地方，以此来分散敌人的兵力。李陵深入大漠，遭遇了匈奴主力骑兵。这种情况下，汉武帝不但没有派军接应，反而将援军派给了李广利，以确保李广利打胜仗。在冷兵器时代，五千孤悬大漠的步兵面对七八万骑兵，失败是必然的。李陵苦战八昼夜，箭射光了，士兵死伤大半，又逢管敢叛逃，暴露了李陵兵少无援的困境。匈奴遂集中兵力围攻，李陵兵尽粮绝，被俘投降。这场战役中，李陵的勇气、智慧和军事才能可以说已经发挥到了极致。

李陵兵败投降的消息传到长安之后，汉武帝愤怒万分，满朝文武也纷纷指责李陵的罪过。只有太史令司马迁在朝堂之上为李陵开脱。但汉武帝却认为司马迁为李陵辩护，是想诋毁李广利，因此将他下狱，并处以腐刑。

一年后，汉武帝终于意识到李陵兵败是无人救援所致，于是派使者慰问赏赐了李陵的残部，并且派因杅将军公孙敖带兵深入匈奴境内，想接李陵回朝。然而，公孙敖不仅没有接回李陵，反而损兵折将。为了掩饰罪过，公孙敖谎说李陵正在为匈奴训练兵马，以对

《苏武牧羊图》黄慎（清）

抗汉军。汉武帝闻后大怒，下令将李陵的母亲、兄弟、妻子全部斩杀。后来，有汉朝使者到匈奴见到李陵，交谈之下才知道，当年为匈奴训练军队的根本不是李陵，而是另一位降将李绪。无论如何，李陵投降匈奴的罪名已经坐实，而匈奴单于也十分器重李陵，将自己的女儿嫁给他，还封他为右校王。

这个故事的另一个主人公，也就是这封书信的收信人苏武，原是李陵在朝中的好友。天汉元年（前 100），苏武奉命以中郎将持节出使匈奴，被匈奴扣留。匈奴贵族多次劝他投降，后来又将他迁到北海（今贝加尔湖）边放羊。苏武在匈奴居留 19 年，历尽艰辛，始终不肯投降，成为历史上忠义不屈的代表。李陵投降匈奴后，与

《苏李别意图》陈居中（南宋）

苏武见过几次，还曾替匈奴单于向苏武劝降，都没有成功。汉昭帝时期，西汉与匈奴议和。始元六年（前 81），苏武终于回到长安。他修书劝李陵归汉，李陵写下了这篇《答苏武书》作为回答。

在信的开头，一番寒暄之后，李陵首先描述了自己投降匈奴之后的境况。他说，我从投降以来，身处艰难困境，一人独坐，愁闷苦恼。整天看不见别的，只见到些异族之人。我戴不惯皮袖套，住不惯毡帐，但也只能靠它们来抵御风雨；吃不惯腥膻的肉，喝不惯乳浆，但也只能用它们来充饥解渴。胡地苦寒，到处结着厚厚的坚冰，土地都被冻裂，悲惨凄凉的风声不绝于耳。深秋九月，塞外草木凋零，夜晚不能入睡，悲凉的胡笳声此起彼伏，牧马悲哀地嘶鸣，听着这些声音，就算是铁石心肠的人，也会悲伤地流下眼泪。

接着，李陵述说自己听说家中的亲人惨遭杀害后的心情："我出身于礼仪之邦，却背弃了国君和双亲的恩德，居住在蛮夷之地！我在与匈奴的作战中功大罪小，但却没有受到公正的评价。每当想到这些，恍惚之中仿佛失去了对生存的留恋。我可以用刀剜出心来表白自己，或是自刎来显示志向。但国家对我已经恩断义绝，我的自杀毫无益处，只会徒增羞辱。所以我只有心怀愤慨而忍受侮辱，苟活在世上。周围的人常用不中听的话来劝我，这只能令人更悲伤，增加更多的忧愁罢了。"

为了引起读信者的同情，作者又详细叙述了当年那场战役的过程。文中强调了双方力量的悬殊、战况的惨烈：“遍地都是受伤与阵亡的士兵，身边剩下的不满百人都伤痕累累，无法持稳兵器。但是只要我振臂一呼，重伤和轻伤的士兵都会一跃而起，拿起武器杀向敌人。到了后来，武器耗尽，箭也射完，士兵们手无寸铁，还是赤手空拳高呼杀敌。”李陵写出了由于双方兵力悬殊，而李广利作为将帅却不顾大局，再加上汉武帝处置失当，自己不得已做出投降决定的情况。

李陵还列举出汉高祖刘邦率军亲政匈奴，遭遇“白登之围”的战例，说那时军中猛将如云、谋臣如雨，汉高祖还在断粮七天后勉强脱身，何况是自己呢？李陵为自己开脱，说自己并不是贪生怕死，而是想留待有用之身，日后报仇雪耻。谁知计划尚未实行，志向尚未实现，亲人已成刀下之鬼，自己只好面对苍天椎心泣血。

苏武在劝李陵归汉时曾说：“大汉对功臣的待遇并不菲薄。”李陵针对此言，举出许多功臣受到不公正待遇的实例，包括萧何、樊哙被拘捕囚禁；韩信、彭越被剁成肉酱；晁错被杀，周勃、魏其侯被判罪处刑；贾谊、周亚夫遭到小人诽谤，才能无法施展等。他还提到了自己的祖父“飞将军”李广，说李广勇冠三军，功绩和略谋都无人能敌，只是因为不屑迎合权贵，结果在边远的疆场自杀身亡。

接下来，李陵更进一步以苏武自身的遭遇为例。苏武出使匈奴遭遇扣留，颠沛流离，含辛茹苦，满头白发才得以归国，就连匈奴人都称赞他的节气。但他的老母亡故，妻子改嫁。回国后的苏武本应当被封领地、赐千乘，可得到的却不过是些微的钱财，更谈不上寸土的封赏，反而那些排斥功臣的佞臣倒成了万户侯。

在举了上述众多的事例之后，李陵得出这样的结论："汉朝因为我未能守节而对我施以严厉的惩罚，而对于您的坚贞不屈却只给予微薄的奖赏，这样要想叫远方的臣民急切地投奔朝廷效命实在是难以办到，所以我并不觉得后悔。我虽然辜负了汉朝的恩情，汉朝也亏欠了我的战功。"最后他说："愿足下勿复望陵。"这句话彻底断绝了自己归汉之路，令人无法不为之叹息。

李陵的一生是在国仇家恨的冲突与矛盾中度过的，他本人也因此在后世引起许多争议。他和苏武的传奇经历成为许多文艺作品表现的对象。在南朝梁太子萧统所编的《文选》中，收录了 10 多首《苏武李陵赠答诗》（简称"苏李诗"），相传是苏武归汉之前和李陵话别时两人写下的诗作。虽然这些诗被后人一般认为是假托之作，但其文辞典雅、感情深挚，是汉代五言诗的经典。如其中一首描写了好友临别之情，情思哀婉，十分动人：

携手上河梁，游子暮何之。
徘徊蹊路侧，悢悢不得辞。
行人难久留，各言长相思。
安知非日月，弦望自有时。
努力崇明德，皓首以为期。

六国论

六国破灭，非兵①不利，战不善，弊在赂秦②。赂秦而力亏，破灭之道也。或曰：六国互丧，率赂秦耶？曰：不赂者以赂者丧。盖失强援，不能独完③。故曰：弊在赂秦也。

秦以攻取④之外，小则获邑，大则得城。较秦之所得，与战胜而得者，其实百倍；诸侯之所亡，与战败而亡者，其实⑤亦百倍。则秦之所大欲⑥，诸侯之所大患，固不在战矣。思厥先祖父⑦，暴霜露⑧，斩荆棘，以有尺寸之地。子孙视之不甚惜，举以予人，如弃草芥。今日割五城，明日割十城，然后得一夕安寝。起视四境，而秦兵又至矣。然则诸侯之地有限，暴秦之欲无厌⑨，奉之弥繁，侵之愈急。故不战而强弱胜负已判⑩矣。至于颠覆，理固宜然⑪。古人云："以地事秦，犹抱薪救火，薪不尽，火不灭。"此言得之⑫。

齐人未尝赂秦，终继五国迁灭⑬，何哉？与嬴⑭而不助五国也。五国既丧，齐亦不免矣。燕赵之君，始有远略⑮，能守其土，义不赂秦。是故燕虽小国而后亡，斯用兵之效也。至丹以荆卿为计，始速⑯祸焉。赵尝五战于秦，二败而三胜。后秦击赵者再，李牧连却之。洎⑰牧以谗诛，邯郸为郡⑱，惜其用武而不终也。且燕赵处秦革灭殆尽之际⑲，可谓智力⑳孤危，战败而亡，诚不得已。向使三国各爱其地，齐人勿附于秦，刺客不行，良将犹在，则胜负之数，存亡之理㉑，当㉒与秦相较，或未易量㉓。

呜呼！以赂秦之地，封天下之谋臣，以事秦之心，礼天下之奇才，并力西向，则吾恐秦人食之不得下咽也。悲夫！有如此之势㉔，而为秦人积威㉕之所劫㉖，日削月割，以趋于亡。为国者无使为积威之所劫哉㉗！

夫六国与秦皆诸侯，其势弱于秦，而犹有可

以不赂而胜之之势。苟以天下之大，下㉙而从六国破亡之故事㉘，是又在六国下矣。

——苏洵（北宋）

【注释】

①兵：兵器。
②弊在赂秦：弊病在于贿赂秦国。赂，贿赂。这里指向秦割地求和。
③完：保全。
④攻取：用攻战（的办法）而夺取。
⑤其实：它的实际数目。
⑥所大欲：所最想要的（东西）。大，最。
⑦厥先祖父：泛指他们的先人祖辈，指列国的先公先王。厥，其。先，对去世的尊长的敬称。祖父，祖辈与父辈。
⑧暴（pù）霜露：暴露在霜露之中。意思是冒着霜露。和下文的“斩荆棘，已有尺寸之地”，都是形容创业的艰苦。
⑨厌：同“餍”，满足。
⑩判：决定。
⑪理固宜然：（按照）道理本来就应该这样。
⑫此言得之：这话对了。得之，得其理。之，指上面说的道理。
⑬迁灭：灭亡。古代灭人国家，同时迁其国宝、重器，故说“迁灭”。
⑭与嬴：亲附秦国。与，亲附。嬴，秦王族的姓，此借指秦国。
⑮始有远略：起初有长远的谋略，这句中的“始”与下文“至丹”的“至”，“洎牧”的“洎”，“用武而不终”的“不终”，互相呼应。
⑯速：招致。
⑰洎（jì）：及，等到。
⑱邯郸为郡：秦灭赵之后，把赵国改为秦国的邯郸郡。邯郸，赵国的都城。
⑲且燕、赵处秦革灭殆尽之际：燕赵两国正处在秦国把其他国家快要消灭干净的时候。革，改变，除去。殆，几乎，将要。
⑳智力：智谋和力量（国力）。

㉑胜负之数，存亡之理：胜负存亡的命运。数，天数。理，理数。皆指命运。
㉒当（tǎng）：通“倘”，如果。
㉓易量：容易判断。
㉔势：优势。
㉕积威：积久而成的威势。
㉖劫：胁迫，劫持。
㉗为国者无使为积威之所劫哉：治理国家的人不要被积久的威势胁迫啊！
㉘故事：旧事，先例。
㉙下：指在六国之后。

【解读】

战国时期，众多诸侯国之间经过一系列的兼并战争，出现了七个实力最强的国家，称为“战国七雄”。其中，秦国经过商鞅变法后，国力和军队的战斗力都迅速提高，有一统天下之心。到了战国末期，齐、楚、燕、赵、韩、魏六个国家被秦国一个个地击破而消灭了。后世历代的文人政论家曾经发表过许多文章，总结六国破灭的原因，北宋文学家苏洵的这篇《六国论》是其中最为人称道的作品。

苏洵（1009—1066）字明允，号老泉，眉州眉山（今四川省眉山县）人。相传苏洵27岁才发愤读书，故后世启蒙读物《三字经》中有“苏老泉，二十七。始发愤，读书籍”。嘉祐年间，他的文章得到当时文坛领袖欧阳修的赞赏与推重。苏洵以文章著称于世，写文擅长策论，语言明畅，笔力雄健，纵横捭阖，很有战国纵横家的笔意。他与儿子苏轼、苏辙并称“三苏”，一

苏洵像

树下双骑对阵纹半瓦当（战国齐）

起被列入“唐宋八大家”。

《六国论》一开始就以“六国破灭，非兵不利，战不善，弊在赂秦”这四句话提出了六国灭亡的原因。作者认为，六国的灭亡不在于其兵器不够锋利，也不在于六国兵将不善打仗，而是因为六国一味用土地贿赂秦国，以乞求和平。“赂秦”会削弱本国的力量，同时又助长秦国的野心，所以说：“赂秦而力亏，破灭之道也。”事实上，六国并不是都向秦国奉献土地，那些没有“赂秦”的国家也灭亡了，原因就在于“不赂者以赂者丧。盖失强援，不能独完”。归根结底，“赂秦”是最关键的原因。

秦国接受六国贿赂的土地，比通过战争所得到的土地要多出百倍。而六国送给秦国的土地也比打败仗丧失的土地要多出百倍。那些“赂秦”的国家，祖辈历尽艰难才创下国家基业，但是后代只顾眼前利益，轻易就把祖辈留下的国土割让给秦国。但是秦国得到土地后也并未因此而停止进攻。所谓“奉之弥繁，侵之愈急”，秦国侵略扩张的欲望是无止境的，各国奉献土地一味妥协，只能激起其更大的野心。其实战争还未开始，双方的胜负就已成定局。用土地侍奉秦国，就像抱着柴草救火，柴草没有烧完火就不会熄灭。

韩、魏、楚这三个国家紧靠秦国，直接受到强秦的威胁和侵略，多次以地“赂秦”，却成为最早被秦所灭的国家。离秦国最远的齐国，虽然不用向秦国奉献土地，但也不敢得罪秦国。秦军入侵其他国家时，齐国袖手旁观，但当五国相继灭亡后，齐国也就成了秦国的目标。而燕国、赵国“能守其土，义不赂秦”，敢于同秦国武力相抗衡，所以国家虽小，但却比韩、魏、楚等国亡得稍晚一些。赵国与秦国五次交战，三次取胜，以后又不断对秦国给予回击。燕国太子丹曾派刺客荆轲刺杀秦王，想以此来解救危难；而赵国中了秦国的反间计，杀掉了抗秦的重要将领李牧，加速了自己的破灭。但是燕、赵两国不能坚持斗争，因而最后的结局也和韩、魏、楚三国一样。

六国如果把割让给秦国的土地都封赏给天下的谋臣，用侍奉秦国的心意来礼遇天下人才，齐心协力对付秦国，那么秦人恐怕会坐卧不安、食不下咽。可悲的是六国被秦国积久的威势所挟制，土地逐渐削减，以至走向灭亡。这是一个惨痛的历史教训，也是后代掌

两穿弧援铜戈（战国）

四川成都浣花溪公园的三苏雕像（图片提供：微图）

权者应该吸取的宝贵经验，不要被强大敌人的威力所吓倒。

关于六国亡于秦国的历史教训，苏洵与苏轼、苏辙父子三人各写了一篇《六国论》。苏轼的《六国论》突出强调了“士”的作用，认为六国诸侯争相养士，才是久存的原因。而苏辙的文章则认为六国相继灭亡的原因是不能团结一致，共同抵抗秦国。

苏洵的《六国论》最大的不同在于文章不是就史论史，而是“借题发挥”，其目的是借着总结六国灭亡的教训，警告北宋统治者勿重蹈六国灭亡的覆辙。如果是一统天下的大国，再去重蹈六国灭亡的覆辙，那就连六国也不如了。

北宋立国后，宋太祖赵匡胤鉴于唐末藩镇割据的弊端，采取“虚外实内”的政策，削弱边关的兵力，以重兵驻守京城，结果造成边关空虚，辽国乘虚而入，屡犯边境。宋太宗继位后曾多次派兵击辽，企图夺回幽云十六州，但是都失败了。到宋真宗景德元年（1004），辽军直逼澶州（今河南濮阳）城下，威胁都城汴京。宋与辽签订了

“澶渊之盟”，约定向辽输岁币银十万两，绢二十万匹，仁宗年间又有增加。1044年，北宋在与西夏的战争中连连失利，两国议和，西夏向北宋称臣，而北宋每年向西夏赐岁币银十万两，绢十万匹，茶三万斤。

苏洵对朝廷的孱弱十分痛心，写下《六国论》，借古喻今，希望当权者增强国力，与敌斗争。当年六国诸侯国土有限，而北宋王朝则占有全国主要地区，力量远超六国。但是北宋王朝“以天下之大”向辽政权和西夏屈服，一味妥协退让，不用说，最终也必然会遭遇和六国一样的后果。

实际上，客观地分析历史情况，六国灭亡的关键原因并不是“赂秦”。当年秦孝公任用商鞅进行变法，解放了生产力，使秦国力大增，具备了统一中国的实力。加上东周长期的战乱，民不聊生，人们都盼望结束分裂，过上安定的生活，因此秦的统一符合历史发展的趋势。再加上六国政治保守，不能团结，最终在秦国远交近攻的政策下被各个击破。苏洵作此文强调赂秦之害，就是为了警告北宋统治者，对敌人一味屈膝求和，结果必然招致灭亡。

然而就在苏洵死后六十年，北宋还是重蹈了六国的覆辙，金兵攻入东京汴梁，徽、钦二帝被俘，客死异国他乡，北宋就此灭亡。

伶官传序

呜呼！盛衰之理，虽曰天命，岂非人事哉！原庄宗①之所以得天下，与其所以失之者，可以知之矣。

世言晋王②之将终也，以三矢赐庄宗而告之曰："梁③，吾仇也；燕王④，吾所立；契丹与吾约为兄弟，而皆背晋以归梁。此三者，吾遗恨也。与尔三矢，尔其无忘乃父之志！"庄宗受而藏之于庙。其后用兵，则遣从事以一少牢⑤告庙，请其矢，盛以锦囊，负而前驱，及凯旋而纳之。

方其系燕父子以组，函梁君臣之首，入于太庙，还矢先王，而告以成功，其意气之盛，可谓壮哉！及仇雠⑥已灭，天下已定，一夫⑦夜呼，乱者四应，仓皇东出，未及见贼而士卒离散，君臣相顾，不知所归，至于誓天断发，泣下沾襟，何其衰也！岂得之难而失之易欤？抑本其成败之迹，而皆自于人欤？《书》曰：“满招损，谦得益。”忧劳可以兴国，逸豫⑧可以亡身，自然之理也。

故方其盛也，举天下豪杰，莫能与之争；及其衰也，数十伶人困之，而身死国灭，为天下笑。夫祸患常积于忽微，而智勇多困于所溺，岂独伶人也哉？

——选自《新五代史·伶官传》欧阳修（北宋）

【注释】

①庄宗：即后唐庄宗李存勖。唐末节度使、晋王李克用的长子，继父位为晋王后，又于923年称帝，国号唐，即后唐。

②晋王：西域突厥族沙陀部酋长李克用。因受唐王朝之召镇压黄巢起义有功，后封晋王。

③梁：后梁太祖朱温，原是黄巢部将，叛变归唐，后封为梁王。

④燕王：指卢龙节度使刘仁恭。其子刘守光，后被朱温封为燕王。此处称刘仁恭为燕王，是笼统说法。

⑤少牢：用一猪一羊祭祀。

⑥仇雠（chóu）：仇敌。

⑦一夫：指庄宗同光四年（926）发动贝州兵变的军士皇甫晖。

⑧逸（yì）豫：安逸舒适。

【解读】

欧阳修像

这篇《伶官传序》是北宋文学家欧阳修为《新五代史·伶官传》所作的序文。唐朝末年，各地节度使拥兵自重，相互混战不断。907年，节度使朱温篡唐自立，建立了梁朝，是为后梁。后梁与北方最大的军阀晋王李克用进行了一系列战争。908年，李克用去世，其子李存勖继晋王位。923年四月，李存勖在魏州（河北大名府）称帝，国号“唐”，史称“后唐”。李存勖长于战略，而且作战勇猛，并在同年十二月灭了后梁，可以说是五代时期武功最盛的一位皇帝。

可是称帝后，李存勖认为父仇已报，中原已定，于是开始过上享乐的生活。他自幼爱好戏曲，即位后更是沉迷其中，无法自拔，常常终日看戏，不理朝政。他还面涂粉墨，身穿戏装，亲自登台表演，还为自己取艺名为“李天下”。更有甚者，李存勖还格外宠信伶人，伶人不仅可以自由出入皇宫，和皇帝言笑无忌，还经常侮辱戏弄朝臣。李存勖还封未立寸功的伶人为刺史，用伶人做耳目去刺探群臣言行。有的伶人不仅大进谗言，干预朝政，陷害忠良，而且与贪官污吏相互勾结，鱼肉百姓。满朝文武都敢怒不敢言，朝廷因此日益腐败。后唐建立仅仅三年，朝中兵士哗变，李存勖死于乱箭之下，还是一个伶人捡来乐器盖在他身上将他火化，才使他的尸身不致受辱。

有感于伶官乱政的史实，欧阳修在修撰《新五代史》时特地列出了《伶官传》，并在这篇序文中总结了李存勖得天下而后失天下的历史教训。

国家兴盛与衰亡的命运虽然说是天命，但也是由于人事所造成的，推究庄宗得天下和失天下的原因就可以知道了。晋王李克用死前曾将三支箭赐给李存勖，告诉他说：“梁国是我的仇敌，燕王是我扶持建立起来的，而契丹曾与我订立盟约结为兄弟，但他们三方都背叛了晋而归顺了梁。这三件事就是我死前最大的遗恨。我给你这三支箭，你一定不要忘记父亲的愿望！”李存勖将这三支箭藏在祖庙里，此后每次出兵都派官员用猪、羊各一头祭告祖庙，请下那三支箭放在锦囊里，背着它走在队伍前面，等到凯旋时再把箭藏入祖庙。

后来，李存勖用绳子捆着燕王父子、用木匣装着梁国君臣的首级，意气骄盛地进入太庙，把箭还给先王，向先王禀告成功。不过，在仇敌消灭、天下平定之后，李存勖不思进取，宠信伶人，导致众叛亲离。当时，只要有一个人在夜间呼喊，作乱的人便四方响应。李存勖还没有看到叛军就匆忙出逃。兵士四散逃离，君臣相对而视不知所措，有的人甚至对天发誓，割发痛哭，衰颓之极。《尚书》上说：“满招损，谦得益。”忧虑辛劳可以使国家兴盛，安闲享乐可以使自身灭亡，这是最普通的道理。祸患常常是从细微的事情积累起来的。

后唐庄宗李存勖像

欧阳修写这篇文章是为了希望北宋统治者力戒骄奢，防微杜渐，励精

山西洪洞县广胜寺明应王殿元杂剧壁画（图片提供：微图）

此壁画展现了元代戏班舞台演出的场面，台上共有11位伶人，男角7名，女角4名，从服饰、脸谱可分辨出生、旦、净、末、丑各行当及乐人。

图治。欧阳修所处的宋仁宗、宋神宗年间，朝廷政局比较稳定，社会较为繁荣，是北宋王朝的兴盛时期。《伶官传序》的出现可以说带有一定的预见性。到了北宋末年，宋徽宗在某些方面与后唐庄宗李存勖颇为相似。宋徽宗热衷于艺术，擅长书画，耽于花石，又宠信佞臣，穷奢极欲，将北宋政局带入了最黑暗的时期，最后终于导致了宋王朝的覆灭。

卖柑者言

杭有卖果者，善藏柑，涉寒暑不溃①。出之烨然②，玉质而金色。置于市，贾③十倍，人争鬻④之。

予贸得其一，剖之，如有烟扑口鼻，视其中，则干若败絮⑤。予怪而问之曰："若所市于人者，将以实⑥笾豆⑦，奉祭祀，供宾客乎？将炫外以惑愚瞽⑧乎？甚矣哉，为欺⑨也！"

卖者笑曰："吾业⑩是有年矣，吾赖是以食⑪吾躯。吾售之，人取之，未闻有言，而独不足子所乎？世之为欺者不寡矣，而独我也乎？吾子未之思也。

今夫佩虎符⑫、坐皋比⑬者，洸洸⑭乎干城之具⑮也，果能授孙、吴⑯之略耶？峨大冠、拖长绅⑰者，昂昂乎庙堂之器⑱也，果能建伊、皋⑲之业耶？盗起而不知御，民困而不知救，吏奸而不知禁，法斁⑳而不知理，坐糜㉑廪粟㉒而不知耻。观其坐高堂，骑大马，醉醇醴㉓而饫㉔肥鲜者，孰不巍巍乎可畏，赫赫乎可象也？又何往而不金玉其外，败絮其中也哉？今子是之不察，而以察吾柑！”

予默默无以应。退而思其言，类东方生㉕滑稽㉖之流。岂其愤世疾邪㉗者耶？而托于柑以讽耶？

——刘基（明）

【注释】

①溃：腐烂，腐败。
②烨（yè）然：光彩鲜明的样子。
③贾（jià）：同“价”，价格。
④鬻（yù）：这里是买的意思。
⑤败絮：破败的棉絮。
⑥实：填满，装满。
⑦笾（biān）豆：古代祭祀时盛祭品用的两种器具。笾，竹制的食器。豆，木制、陶制或铜制的食器。
⑧愚瞽（gǔ）：愚蠢的人和瞎子。
⑨欺：欺骗人的事。
⑩业：以……为职业。

⑪食（sì）：同“饲”，这里有供养、养活的意思。
⑫虎符：虎形的兵符，古代调兵用的凭证。
⑬皋（gāo）比（pí）：虎皮，指将军的坐席。比，通“皮”，毛皮。
⑭洸（guāng）洸：威武的样子。
⑮干城之具：捍卫国家的将才。干，盾牌，文中意为捍卫。干和城都用以防御。具，将才。
⑯孙、吴：指战国时期著名的兵家孙武和吴起。
⑰拖长绅：拖着长长的腰带。绅，古代士大夫束在外衣上的带子。
⑱器：才能，本领，这里指“有才能的人”。
⑲伊、皋（gāo）：指上古时期著名的贤臣伊尹和皋陶。
⑳斁（dù）：败坏。
㉑糜：通“靡”，浪费。
㉒廪（lǐn）粟：朝廷发放的俸米。
㉓醇醴：美酒。
㉔饫（yù）：饱食。
㉕东方生：指西汉武帝时的名臣东方朔，曾任太中大夫，性格诙谐，言词敏捷，善于讽谏。
㉖滑稽（古音 gǔ jī）之流：指诙谐多讽、机智善辩的人。
㉗愤世疾邪：激愤、痛恨世间邪恶的现象。

【解读】

本文的作者是元末明初的政治家和文学家刘基。刘基（1311—1375），字伯温，青田（今属浙江）人，元至顺二年（1331）考中进士，后因反对招抚方国珍被罢官。至正二十年（1360），刘基与宋濂等人应朱元璋征召，成为辅佐朱元璋建立明朝的开国重臣，对明初典章制度的建立起了重要作用。在文学方面，刘基提倡“师古”，重视文学对社会的能动作用，对明初文风由纤丽转为质朴起了重要的推动作用。他的

刘基像

散文体裁多样，风格古朴，讽刺小品尤为出色。

《卖柑者言》是一篇寓言性质的论说文，由作者自己买到一个坏了的柑橘这件小事引起议论。作者假托卖柑者的话，讽刺了元朝末年那些冠冕堂皇的高官贵族就像柑橘一样“金玉其外，败絮其中”，表达了作者愤世嫉俗的情感。

杭州有个卖水果的人，特别善于贮藏柑橘。他卖的柑橘秋天采下，历经寒暑也不会腐烂，拿出来还是光鲜的样子。他拿到市场上卖，价格比普通柑橘高出十倍，人们还是争相购买。

作者也买了一个柑橘，一切开就像有股烟直扑口鼻，再看里面，已经干得如同破烂的棉絮。作者非常奇怪地问卖柑人：“你卖给别人的柑橘是要用来摆放在盛祭品的容器中供奉神灵、招待宾客的吗？还是以它的外表来迷惑傻瓜和瞎子？这种骗人的事实在是太过分了！”

卖柑人却笑着说：“我干这一行已经好多年了，我就是以此为生的。我卖，别人买，都不曾有人说过什么，怎么唯独就你不满意呢？难道世上只有我一个人在骗人吗？你好好想想，如今那些佩着虎形兵符、坐在虎皮座椅上的人，看样子很威武，好像是保卫国家的人才。难道他们真有孙武、吴起的谋略吗？那些头戴高冠、身穿华服的人，看上去器宇轩昂，像是朝廷的栋梁之臣。难道他们真的能建立伊尹、皋陶的功业吗？再看看现在，盗贼四起却不去抵御，百姓困苦却不去救助，官吏贪污却不去查禁，法度败坏却不去整治，白白浪费国家的俸禄而不知羞耻。再看看那些端坐高堂、骑着大马、饮美酒、享美食的人，哪个不是外表显赫、令人敬畏？可是又有谁不是外表如金似玉、内心破败得如同破絮呢？你看不到这些现象，却只看到我的柑橘！”作者听了卖柑者的话，沉默无语，回来细思后，觉得卖柑人像是东方朔那样

《香实垂金图》佚名（宋）

诙谐机智的人。卖柑人是不是因为对世间邪恶的现象激愤痛恨，才借柑橘来进行讽刺呢？

这篇文章的构思十分特殊。卖柑人将金玉其外败絮其中的柑橘卖给顾客，这明明是一种欺骗的行为，但是当他遭到指斥的时候，却理直气壮地为自己开脱，结果反而是作为顾客的作者被驳倒。作者通过这种看似不合逻辑的诡辩，揭露了元朝贵族“金玉其外败絮其中”的本质。作者将自己摆在敌论的位置，而将对方放在主论的位置，尽情让对方驳倒自己。而敌论所持的论点才是作者的真实观点，这种论说的方式可以说是别具一格。

国计民生——经济论说文

单穆公谏周景王铸大钱

景王二十一年，将①铸大钱。单穆公②曰："不可。古者，天灾降戾，于是乎量资币，权轻重，以振救民。民患轻，则为作重币以行之，于是乎有母权③子而行，民皆得焉。若不堪重，则多作轻而行之，亦不废重，于是乎有子权母而行，小大利之。

"今王废轻而作重，民失其资，能无匮④乎？若匮，王用将有所乏，乏则将厚取于民。民不给⑤，将有远⑥志，是离民⑦也。且夫备有未至而设之，有至而后救之，是不相入也。可先⑧而不备，谓之怠；可后⑨而先之，谓之召灾。周固羸⑩国也，天未厌祸焉，而又离民以佐⑪灾，无乃不可乎？将民之与处而离之，将灾是备御而召之，则何以经国？国无经，何以出令？令之不从，上之患也，故圣人树德于民以除之。

“《夏书》有之曰：‘关石和钧⑫，王府则有⑬。’《诗》亦有之曰：‘瞻彼旱麓，榛楛⑭济济。恺悌⑮君子，干禄恺悌。’夫旱麓之榛楛殖，故君子得以易乐干禄焉。若夫山林匮竭，林麓散亡，薮泽肆既，民力雕尽，田畴荒芜，资用乏匮，君子将险哀之不暇，而何易乐之有焉？

“且绝⑯民用以实王府，犹塞川原而为潢汙⑰也，其竭也无曰矣。若民离而财匮，灾至而备亡，王其若之何？吾周官之于灾备也，其所怠弃者多矣，而又夺之资，以益其灾，是去其藏而翳其人也。王其图⑱之！”

王弗听，卒铸大钱。

——选自《国语·周语》（春秋）

【注释】

①将：准备。
②单穆公：春秋时单国的国君，名旗。
③权：辅佐。
④匮：困窘。
⑤给：负担。

⑥远：逃亡。
⑦离民：离散民众。
⑧先：预加防范。
⑨后：事后应急措施。
⑩羸：弱。
⑪佐：助长。
⑫关石和钧：赋税均平。
⑬有：充盈。
⑭榛楛（zhēn kǔ）：榛木与楛木。泛指丛生的杂木。
⑮恺悌（kǎi tì）：亦作“岂弟”，或作“恺弟”，和乐平易。
⑯绝：搜刮。
⑰潢汙（huáng wū）：聚积不流之水。
⑱图：斟酌。

【解读】

《单穆公谏景王铸大钱》选自《国语》卷三《周语》下，主要记述了周景王二十一年，大臣单穆公劝谏周景王不要铸造大钱的史实。

周景王二十一年，准备铸造大钱。单穆公说：“在古时候，由于天灾降临，国家才统计财货，权衡钱币的轻重，以便赈济百姓。如果百姓认为钱轻而物重，那么就铸造大钱来使用，有大钱辅佐小钱流通，百姓才都有得益。如果百姓认为钱重物轻，那么就多铸小钱来使用，同时也不废止大钱，于是有小钱铺佐大钱流通。这样，无论是小钱、大钱，百姓都不会感到吃亏。

“如今陛下废除小钱而铸造大钱，百姓手头的小钱便成了无用之物，他们就会感到困窘。而一旦百姓困窘，陛下的财源将因此而缺乏。财源缺乏了，朝廷就会设法重敛于民。如果民众无法负担，将会萌生逃亡之心。所以，这种做法是在离散民心啊。国家有防灾的措施，也有救灾的措施，但二者不能互相替代。需要预先加以防范的却不提前准备，这是疏忽；应该用于事后应急的措施却在灾害前采用了，这是招灾。周王朝现在已经是弱国了，又接连不断遇到天灾，陛下本应该与民众和睦相处却要使他们的人心离散，这样还怎么治国？如果治国无方，又凭什么下达政令？而政令没有人听从，这就是君主的忧患。所以，作为圣人要对百姓施予恩德，借以消除他们不服从政令的隐患。

“《夏书》中说：‘赋税均平，王室的库藏才会充盈。’《诗经》上也说：‘看那旱山的脚下，长满了茂盛的林木。平和欢愉的君子，平和欢愉地收获。’如果山林匮竭，林麓散亡，湖泊干涸，民力凋敝，农田荒芜，财用缺乏，君子连忧虑危亡都来不及，哪有什么安详欢乐可言呢？

“用搜刮民众的财产来充实王室，如同堵塞河流的源头来蓄积水池，很快就会导致干涸。如果百姓人心离散而财力匮乏，灾害降临又无防备，陛下将怎样办？周室的官员对于预防灾害所疏漏的地方已经很多了，现在又要侵夺民众的资财来助长灾祸，这是抛弃善政而置民于死地。君王可要仔细斟酌啊！”

尽管单穆公费尽口舌，天上地下、祖宗圣人地讲了一大圈，但仍然没能改变周景王铸大钱的决定。但是，周景王究竟为什么要铸大钱呢？

进入流通的金属货币本身，要具有一定的价值才可以执行一般等价物的功能。自身没有价值的东西是无法衡量其他物品的价值的，而自身缺乏稳定的价值也就无法执行价值尺度的功能。铸币所含金属量的多少，必须适合市场流通的需要；或者说，货币作为价值尺度，应该与现实的商品价格水平相适应。司马迁在《史记·循吏列传》记载，春秋中叶，楚庄王“以为币轻，更以小为大，百姓不便，皆去其业”，后经楚相孙叔敖谏阻，市场秩序才得以恢复。可见，金属铸币的轻重大小，以及是否适应于市场交易的问题，自铸币产生以来就已长期存在。历史上，拥有铸币权的国家、诸侯、领主、商人

春秋时期的布币

因为财政危机，或者为了榨取财富，常常在铸币时减轻重量或者降低成色。例如，汉朝初期，曾经把 12 铢重的半两钱缩减到 3 铢重的英钱，但仍以半两钱的名义流通。与此相同，周景王认为东周原有流通的货币过于轻小，不能满足实际交换需要，需要增铸较重的货币。周景王通过铸大钱增大货币面值的方式，对百姓财富进行巧取豪夺。单穆公并非不支持“铸大钱”，他反对的是铸新而废旧，或者铸重而废轻。如果在铸大钱的同时废弃原来的小钱，就依然是单币流通，也就无所谓“子母相权”。其次，他所支持铸造的大钱，应当是足值的。单穆公的“废轻而作重，民失其资”，在历史上是首次将货币与财富联系起来，他已经初步意识到货币所代表的价值问题，对货币与商品之间的等价关系有所认识，发现货币与商品存在着某种轻重平衡的状态，这在当时是“极不简单的事情”。单穆公谏言中所体现的“民本思想”有着很高的政治远见，对后世深有影响。

论积贮疏

管子①曰："仓廪②实而知礼节。"民不足③而可治者，自古及今，未之尝闻④。古之人⑤曰："一夫不耕，或受之饥；一女不织，或受之寒。"生之有时⑥而用之亡⑦度，则物力必屈⑧。古之治天下，至孅⑨悉也，故其畜⑩积足恃。今背本而趋末⑪，食者甚众，是天下之大残⑫也；淫侈之俗⑬日日以长，是天下之大贼⑭也。残贼公行，莫之或止⑮；大命⑯将泛⑰，莫之振救；生之者⑱甚少而靡之者甚多，天下财产何得不蹶？汉之为汉⑲，几四十年矣，公私之积，犹可哀痛。失时不雨，民且狼顾⑳，岁恶不入㉑，请卖爵子㉒，既闻耳㉓矣，安有为㉔天下阽危㉕者若是而上不惊者？

世之有饥穰㉖，天之行也㉗，禹、汤被之㉘矣。

即不幸有方二三千里之旱，国胡以相恤？卒然边境有急[29]，数千百万之众，国胡以馈[30]之？兵旱相乘，天下大屈，有勇力者聚徒[31]而衡击[32]，罢夫羸老易子而咬其骨；政治未毕通也，远方之能疑者[33]，并举[34]而争起[35]矣。乃骇而图之，岂将有及乎？

夫积贮者，天下之大命也。苟粟多而财有余，何为而不成？以攻则取，以守则固，以战则胜。怀敌[36]附远[37]，何招[38]而不至？今殴[39]民而归之农[40]，皆著于本，使天下各食其力[41]，末技[42]游食之民[43]，转而缘南亩[44]，则畜积足而人乐其所[45]矣。可以为富安天下，而直为此廪廪[46]也！窃为陛下惜之！

——选自《汉书·食货志》贾谊（汉）

【注释】

①管子：即春秋时期齐国的贤相管仲。后人将他的学说结合他的著作编成《管子》一书，共 24 卷。

②仓廪：贮藏谷物的建筑物。

③不足：指衣食不足，缺吃少穿。

④未之尝闻：即“未尝闻之”，没有听说过这回事。

⑤古之人：指管子，以下四句引自《管子·轻重甲》，与原文有出入。

⑥生之有时：生产有时间的限制。
⑦亡：同“无”。
⑧屈：竭，穷尽。
⑨孅（xiān）：通“纤”，细致。
⑩畜：同“蓄”，积聚，储藏。
⑪背本趋末：放弃根本的事，去做不重要的事，此处是指放弃农业而从事工商业。古代以农为本，工商为末业。
⑫残：害，危害，祸害。
⑬淫侈之俗：奢侈的风气。淫，过分，副词。
⑭贼：害，危害，祸害。
⑮莫之或止：没有人去稍微制止一下。
⑯大命：国家的命运。
⑰泛：通“覂”，翻覆，覆灭。
⑱生之者：生产粮食、财物的人。
⑲汉之为汉：意谓汉朝自从建立政权以来。
⑳狼顾：狼性多疑，行走时常回头看，以防袭击，比喻人有后顾之忧。此处形容人们看到天不下雨的忧虑不安。
㉑岁恶不入：年景不好，纳不了税。
㉒请卖爵子：即请爵卖子。指富者向国家缴粮买爵位，贫者卖儿女为生。汉朝有公家出卖爵位以收取钱财的制度。
㉓闻耳：闻于耳，指上述严重情况传到了皇帝的耳中。
㉔为：治理。
㉕阽危：危险。阽，临近。
㉖饥穰：荒年和丰年。此处为偏义复词，只指荒年。
㉗天之行也：是自然界固有的规律。
㉘禹、汤被之：禹，传说中古代部落联盟领袖。原为夏后氏部落领袖，奉舜命治水有功，舜死后继其位。汤，商朝的开国君主。被：遭，受。之：代词，指“饥穰”。传说禹时有九年的水灾，汤时有七年的旱灾。
㉙急：紧急情况，指突然爆发的战争。
㉚馈：进食于人，此处指发放粮饷，供养军队。
㉛徒：同伙。
㉜衡击：横行劫掠攻击。衡，通“横”。
㉝疑者：指对朝廷反抗的人。疑：同“拟”，指与皇帝相比拟，较量。
㉞举：举兵。
㉟争起：争先起来闹事。
㊱怀敌：使敌对者来归顺。

㊲附远：使远方的人顺附。
㊳招：招抚。
㊴殴：通“驱”，驱使。
㊵归之农：使之归农。
㊶食其力：靠自己的劳力吃饭。
㊷末技：不值得重视的技能，此处指与“本业”相对的“末业”，即工商业。
㊸游食之民：游手好闲，不劳而食的人。
㊹缘南亩：走向田间，从事农业。南亩，泛指农田。
㊺乐其所：以其所为乐，即乐于从事自己的本业（农业）。
㊻廪廪：同“懔懔”，危惧的样子。指令人害怕的局面。

【解读】

《论积贮疏》是西汉初年的名臣贾谊于公元前 178 年给汉文帝刘恒的一篇奏章，收录在《汉书·食货志》中，文题为后人所加。

西汉初期，社会经济还未从秦末战乱造成的凋敝中恢复过来。《汉书·食货志》记载，当时米价昂贵，饥馑遍地，物资匮乏，连皇帝出行都找不到四匹同色的马来驾车。汉高祖刘邦采取了一系列与民休息的政策，到汉文帝时，社会经济逐渐恢复，但土地兼并日益严重，许多农民因失去土地而流入城市，成为工商业者或无业游民，农业生产和粮食的积贮受到了很大影响。面对这种情况，23 岁的贾谊向汉文帝上了这份奏疏，建议朝廷重视农业生产，以增加粮食的积贮。

文章一开始就引用《管子》中的名言：“仓廪实而知礼节。”即粮仓充足，百姓就懂得礼节。从古到今，都没有听说过百姓缺吃少穿而国家可以治理得好的。管子还说：“一个男子不耕地，就会有人挨饿；一个女子不织布，就会有人受冻。”物质的生产有时节的限制，如果人们对它们的使用没有限度，那么社会财富就一定会匮乏。古代贤人治理国家，考虑得十分细致周密，所以积贮足够他们使用。现在有很多人弃农经商，不生产粮食却要吃粮，这对国家来说是很大的祸患。奢侈之风一天天滋长，也是国家的大祸害。这两大祸害大行其道，却没有人去稍加制止；国家面临覆灭的命运，却没有人去挽救；生产的人少而消费的人多，国家的财富又怎能不枯竭呢？汉朝从建立以来已经快四十年了，令人痛心的是，公家和个人的积贮都还很少。该下雨的时候不下雨，百姓就会忧虑不安，因为年景不好，百姓无法纳税，朝廷就要出卖爵位，而百姓则要卖儿卖女。这样的事情皇上已经有所耳闻了，国家已经危险到这种地步，皇上怎么会不震惊呢？

世上有灾荒，这是自然界常有的现象，夏禹、商汤都曾遭受过。但是现在如果方圆两三千里的地方不幸有大旱灾，国家用什么去救济？如果边境上突然有紧急情况，国家拿什么去给成千上万的军队发放粮饷？兵灾旱灾假若同时发生，国家财富又极其缺乏，胆大力壮的人就会聚集起来横行抢劫，而年老体弱的人就不得不互吃幼子充饥；至于那些边远之地敢于同皇上对抗的人，就会举兵造反了。到那时，皇上才惊慌地开始谋划，难道还来得及吗？

积贮，是国家的命脉。如果粮食储存得多，财力充裕，有什么事情是做不成的？凭借这一点，任何地方都能攻破，任何地方都能稳固防守，任何作战都能取胜；不但

陶仓楼（汉）

汉代“牛耕”画像石拓片

能使敌人归降，还可以使远方的部族归附。如果现在就让百姓回归农业，让天下的人都靠自己劳动而生活，而工商业者和不劳而食的游民都转向田间从事农活，那么国家的粮食和财富的积贮就会充足，百姓就能安居乐业了。

《论积贮疏》一文的主旨与西汉时期所施行的重农抑商政策是一致的。实际上，“重农抑商”是我国历代王朝最基本的一项经济政策，就是主张重视农业，以农为本，而抑制工商业的发展。古代社会基本以自给自足的自然经济为基础，所以农业生产的状况直接关系到国家的兴亡。为此，历代统治者都把农业当作根本，采取一系列督促、鼓励、组织农业生产的措施。汉文帝时，为了促进农业的恢复和发展，轻徭薄赋，采取了三十税一制，还一度免除田赋。汉文帝生活节俭，宫廷内各类开支都有所节制，以减轻百姓负担。这些政策在接下来的汉景帝时期都得到延续，到了景帝后期，国家出现了多年未有的富裕景象，粮仓充满，百姓生活安定富足，史称“文景之治”。

天地大道——哲理论说文

庖丁解牛

庖丁①为文惠君②解牛③，手之所触，肩之所倚，足之所履，膝之所踦④，砉然⑤响然，奏刀騞然⑥，莫不中音。合于《桑林》⑦之舞，乃中《经首》⑧之会。文惠君曰："嘻⑨，善哉！技盖⑩至此乎？"

庖丁释刀对曰："臣之所好者道也，进乎技矣。始臣之解牛之时，所见无非牛者。三年之后，未尝见全牛也。方今之时，臣以神遇而不以目视，官知⑪止而神欲⑫行。依乎天理⑬，批⑭大郤，道⑮大窾⑯，因其固然。技经⑰肯綮⑱之未尝，而况大軱⑲乎！良庖岁更刀，割⑳也；族㉑庖月更刀，折㉒也。今臣之刀十九年矣，所解数千牛矣，而刀刃若新发于硎㉓。彼节者有间㉔，而刀刃者无厚；以无厚入有间，恢恢乎㉕其于游刃必有余地矣，是以十九年而刀刃若新发于硎。虽然，每至于族㉖，吾见其难为，怵然为戒，视为止，行为迟。动刀甚微，謋然㉗已解，如土委地。提刀而立，为之四顾，为之踌躇满志，善㉘刀而藏之。”

文惠君曰：“善哉，吾闻庖丁之言，得养生焉。”

——选自《庄子·养生主》（战国）

【注释】

①庖（páo）丁：名叫“丁”的厨工。先秦古书往往将职业放在人名前。
②文惠君：即梁惠王，也称魏惠王。
③解牛：宰牛，这里指把整个牛体分剖开。
④踦（yǐ）：指用一条腿的膝盖顶住。
⑤砉（huā）然：象声词，形容皮骨相离的声音。
⑥騞（huō）然：象声词，形容比砉然更大的进刀解牛声。
⑦桑林：传说中商汤王的乐曲名。
⑧经首：传说中尧乐曲《咸池》中的一章。
⑨嘻：赞叹声。
⑩盖：同“盍”，如何，怎么能。
⑪官知：这里指视觉。
⑫神欲：指精神活动。
⑬天理：指牛体的自然的肌理结构。
⑭批：击，劈开。
⑮道：同“导”，顺着。
⑯窾（kuǎn）：骨节的空穴处。
⑰技经：犹言经络。技，据考证是“枝”字之误，指支脉。经，经脉。
⑱肯綮（qìng）：紧附在骨上的肉和筋肉聚结处。

⑲軱（gū）：股部的大骨。
⑳割：这里指生割硬砍。
㉑族：众，指一般的。
㉒折：用刀折骨。
㉓硎（xíng）：磨刀石。
㉔彼节者有间：那牛的骨节有间隙。节，骨节。间，间隙。
㉕恢恢乎：宽绰的样子。
㉖族：指筋骨交错聚结处。
㉗謋（huò）然：象声词，形容牛体骨肉分离的声音。
㉘善：通“缮”，修治，这里是擦拭的意思。

【解读】

这篇《庖丁解牛》出自战国时期的道家典籍《庄子·养生主》。在春秋战国时期的诸子百家当中，老子和庄子是道家学派的代表人物，并称“老庄”。庄子（约前369—前286），名周，生于战国时期的宋国。他不仅继承和发展了老子的道家思想，而且是一位独具文采的文章大家。《庄子》一书收录了庄子和其弟子后学的文章，大量采用寓言故事，运用各种譬喻，睿智深刻，奇趣横生。

庄子像

《养生主》是《庄子》一书中最著名的篇章之一，旨在说明养生之道。庄子认为，人若要在复杂的社会中生存，需要了解并顺应自然规律，避开矛盾是非。这才是保全自我的处世之道。

文中写道，一位名叫丁的厨子在给梁惠王宰牛的时候，手碰到、肩倚靠、脚踩到及膝盖顶到的地方所发出的哗哗响声，还有进刀时发出的豁豁声，都与音乐的律动相一致，既合乎商汤时《桑林》舞乐的节拍，又合乎唐尧时《经首》乐曲的节奏。梁惠王赞叹道："好啊！你解牛的技术怎么会这么高超啊？"

庖丁放下刀回答说："因为我所追求的是'道'，这已经超过一般的技术了。我刚开始宰牛时，眼中看到的是一头完整的牛；三年以后，就再也看不到整头的牛了。现在我宰牛全凭心领神会，不需要再用眼睛看。我的感官虽停止活动了，但精神还在活动。因为我完全依照牛体本来的结构用刀，即便是经络相连、筋骨交错的地方都不会碰到，更何况那大骨头呢。技术好点的厨师每年换一把刀，因为他们是用刀割断筋肉；一般的厨师每月就得换一把刀，因为他们是用刀生砍骨头而将刀砍坏的。如今，我的刀用了十九年，所宰的牛有几千头了，但刀刃依然很锋利，就像刚刚在磨刀石上磨过一样。牛的骨节有间隙，我将很薄的刀刃插入骨节的间隙中还很宽绰，所以刀刃的进出都有余地。不过每当碰到筋骨交错、下刀很难的地方，我还是会小心翼翼，提高警惕，精力集中到一点，动作放缓。刀锋轻轻一过，牛的骨和肉就会砉的一声解开了，就像泥土散落在地上一样。这时，我就会提着刀站立起来，抬头四处望望，悠然自得，心满意足，然后把刀擦干净收起来。"

梁惠王说道："好啊！我听了庖丁这番话，领悟到了养生的道理。"

庖丁回答文惠君的那句"臣所好者道也，进乎技也"是整篇文章的"文眼"。在庖丁看来，宰牛有三个层次，分别为族庖的斫牛、良庖的割牛和庖丁的解牛。族庖既无"技"，也无"道"，只会举刀硬砍。良庖有"技"，但"技"艺不高，更没有达到"道"的水平，所以只能割牛。只有庖丁，既有技术，又上升到了"道"

庖厨陶俑（汉）

的高度，不仅熟能生巧，而且出神入化。

“技”要想达到更高的境界，必须遵循“道”。那么，“道”是什么呢？“道”可以理解为事物发展的客观规律，文中对此的表述是“依乎天理”“因其固然”，也就是老子所说的“道法自然”。老子认为：高尚的人听到了“道”，就立即遵照执行；一般的人听到了“道”，半信半疑，犹豫不定；下等的人听到了“道”，就加以嘲讽。但如果他们不嘲讽，那就不成其为“道”了。

人们对“道”的认知是长期努力的结果。比如庖丁就经历了从“所见无非全牛”到“未尝见全牛”，再到“以神遇不以目视，官知止而神欲行”的过程。从整体到局部，再到更高层次的整体，是对“解牛”这件事进行认知的一整个过程；其中，对牛的细部结构进行准确的了解与掌握尤其重要，缺乏这一环节，对更高层次的整体的认知无从谈起。同时，在这个过程中，庖丁的认识发生了两次飞跃：一是“技”层面的飞跃，从生到熟、到巧，做到熟能生巧；二是“道”层面的飞跃，从巧到神，到出神入化、到得心应手、游刃有余。面对无限丰富的现象世界，如果不能掌握其中的规律，就难以化繁为简，达到轻松自如的状态，庖丁解牛生动地说明了这一点。

认识的层面一旦上升到“道”的高度，人就获得了最高的自由，就连“解牛”这种平凡的劳动也成为自由的创造美的活动。所谓“游刃有余”，是一种面对复杂事物的从容、镇定与随心所欲的自由；所谓“踌躇满志”，是一种外在世界与内心世界尽在掌握的成就感。

在这个故事里，庄子还表达了一个重要的人生观：养生不是人生的目的，而是要在养护好生命的前提下更好地发挥自身的作用。试想，庖丁的刀保养得再好，不去解牛又有什么意义？刀保全得好，庖丁解牛数千头，获得了自由感和成就感，充分体现了其价值。同样，人的养生也只是保全的手段，获得自由感和成就感才是人生的真正目的。

梁惠王在听了庖丁的话之后，发出“善哉！吾闻庖丁之言，得养生焉”的感叹。这是因为他看到了解牛与养生之间的关联，也就是说，“道”在本质上是相通的，具有同一性。正如郭象的《庄子注》所说：“以刀可养，故知生亦可养。”

其实，不论人们从事何种工作，何种职业，只要认识和体会到上述道理，持之以恒，都可以从技术层次上升到艺术和哲学的层次，使之成为真正自由的劳动；普通的人生也可以因此升华为科学人生、艺术人生和哲学人生。

鱼我所欲也

鱼，我所欲也；熊掌，亦我所欲也。二者不可得兼，舍鱼而取熊掌者也。生，亦我所欲也；义，亦我所欲也。二者不可得兼，舍生而取义者也。生亦我所欲，所欲有甚于生者，故不为苟得①也；死亦我所恶，所恶有甚于死者，故患有所不辟②也。如使人之所欲莫甚于生，则凡可以得生③者何不用也？使人之所恶莫甚于死者，则凡可以辟患者何不为也④？由是则生而有不用也，由是则可以辟患而有不为也。是故所欲有甚于生者，所恶有甚于死者。非独贤者有心也，人皆有之，贤者能勿丧耳。

一箪⑤食，一豆⑥羹，得之则生，弗得则死。

呼尔而与之⑦，行道之人弗受；蹴⑧尔而与之，乞人不屑也。万钟⑨则不辨礼义而受之，万钟于我何加⑩焉！为宫室之美，妻妾之奉，所识穷乏者得我⑪与？乡⑫为身死而不受，今为宫室之美为之；乡为身死而不受，今为妻妾之奉为之；乡为身死而不受，今为所识穷乏者得我而为之：是亦不可以已乎？此之谓失其本心⑬。

——选自《孟子·告子上》（战国）

【注释】

①苟得：苟且取得，这里是“苟且偷生”的意思。
②辟：通“避”，躲避。
③得生：保全生命。
④何不用也：什么手段不可用呢？
⑤箪：古代盛食物的圆竹器。
⑥豆：古代一种木制的盛食物的器具。
⑦呼尔而与之：呼喝着给他（吃喝）。
⑧蹴：用脚踢。
⑨万钟：这里指高位厚禄。钟，古代的一种量器，六斛四斗为一钟。
⑩何加：有什么益处。
⑪得我：感激我。得，通“德”，这里是感激的意思。
⑫乡：通“向”，从前。
⑬本心：本性，天良。

【解读】

孟子像

《鱼我所欲也》出自《孟子·告子上》。孟子是先秦儒家学派代表人物，名轲，字子舆，战国时鲁国邹（今山东邹城）人。《孟子》是孟子生前言论的汇编，共有7篇，记录了孟子的治国思想、政治观点和政治行动。孟子曾经以儒家之道在各诸侯国游说，为了驳斥反对派，养成了好辩的作风。因此《孟子》一书具有很强的论辩性，既有对事件、人物对话的叙述，又有论据充足、道理透彻、气势雄浑的论说，其雄辩的文风对后世影响很大。在《鱼我所欲也》中，孟子对人的生死观进行了深入的讨论，以“人性本善”的理论为依据，提出道义比生命更为重要的观点。

在文章的开始，孟子先用人们生活中熟悉的两样东西——鱼和熊掌打比方：鱼是我想要的，熊掌也是我想要的，在两者不能同时得到的情况下，我愿舍弃鱼而要熊掌；生命是我所珍爱的，道义也是我所珍爱的，在两者不能同时得到的时候，我宁愿舍弃生命而取道义。鱼与熊掌的价值孰高孰低一目了然，孟子把生命比作鱼，把道义比作熊掌，道义比生命更重要，就像熊掌比鱼更珍贵一样，“舍生取义”的主张就这样自然地引出。

孟子说，我虽珍爱生命，但还有比生命更值得我珍爱的东西，所以我不能做苟且偷生的事；我虽厌恶死亡，但还有比死亡更令我厌恶的东西，所以有时面对祸患和死亡也不能躲避。

如果没有比生命更值得珍惜的东西，那么，凡是可以保全生命的手段，就都可以采用了。如果没有比死亡更令人厌恶的东西，那么，凡是可以避免死亡的事情就都能做了。这样一来，人们的行为不是会变得不择手段、卑鄙无耻了吗？虽然通过不义的手段就可以保全生命、避免祸患，然而有的人却不愿意采用。这说明，还是有比生命更重要的东西，也有比死亡更令人厌恶的东西。不过并非只有贤人才有这种重义之心，人人与生俱来，只是贤人还没有丧失罢了。

假若在只要得到一小筐饭、一小碗汤就可以保全生命的情况下，如果是以轻蔑的态度来呼喝着叫别人来吃，哪怕是饥饿的过路人都不愿接受；如果再用脚把食物踢给人吃，那么连乞丐都不屑于接受了。有的人在穷困危急的时候，可以拒绝别人侮辱性的施舍，但是在安宁的环境中见了高官厚禄，却也不管是否合乎礼义就接受了。

高官厚禄有什么好处呢？是为了住所的华丽、妻妾的侍奉，以及让熟识的穷人感激自己吗？从前有人为了道义宁死也不愿接受施舍，如今有人却为了华美的住宅、为了妻妾的侍奉，或者为了得到别人的感激而接受了，这种行为就是丧失了与生俱来的羞恶廉耻之心啊。

根据现有的记载，可以看出孟子是个不肯趋附权势、性格高傲的人。他有一句名言：“富贵不能淫，贫贱不能移，威武不能屈，此之谓大丈夫。”孟子曾在齐国做过客卿，后来因与齐王意见不合，便决定辞官回家。齐王托人挽留他，还准备在都城建一座房子给他，并且送给他万钟粮食，结果却遭到孟子的严词拒绝。可见，本文中的“万钟则不辨礼义而受之，万钟于我何加焉”是孟子基于自身经历而说的。

在“上下交征利”的战国时代，孟子提出“舍生取义”的观点，对后世的文人士大夫，乃至整个民族的价值观影响很大。几

狩猎纹青铜豆（战国）

千年来，中华民族向来不乏舍生取义的英雄和烈士，如屈原、苏武、岳飞、文天祥、谭嗣同等。当面临生与死的选择，义与不义发生碰撞时，总有人会挺身而出，牺牲小我，成就大我。直至今日，舍生取义依然有着积极的意义。我们现在所说的“义”指社会公义。在当今社会，人们面临着越来越多的诱惑，面对人生的各种考验，我们应该做出正确的抉择。

劝学

君子①曰：学不可以已。青，取之于蓝②，而青于蓝；冰，水为之，而寒于水。木直中绳③，輮以为轮④，其曲中规⑤。虽有槁暴，不复挺者，輮使之然也。故木受绳则直，金⑥就砺⑦则利，君子博学而日参省乎己⑧，则知明而行无过矣。

故不登高山，不知天之高也；不临深谿⑨，不知地之厚也；不闻先王之遗言，不知学问之大也。干越⑩夷貉⑪之子，生而同声，长而异俗，教使之然也。诗曰："嗟尔君子，无恒安息。靖共尔位，好是正直。神之听之，介尔景福。"⑫神莫大于化道⑬，福莫长于无祸。

吾尝终日而思矣，不如须臾之所学也；吾尝

跂⑭而望矣，不如登高之博见也。登高而招，臂非加长也，而见者远⑮；顺风而呼，声非加疾⑯也，而闻者彰。假舆马者，非利足也，而致千里；假舟楫者，非能水也，而绝⑰江河。君子生非异也，善假于物也。

南方有鸟焉，名曰蒙鸠⑱，以羽为巢，而编之以发，系之苇苕⑲，风至苕折，卵破子死。巢非不完也，所系者然也。西方有木焉，名曰射干⑳，茎长四寸，生于高山之上，而临百仞之渊，木茎非能长也，所立者然也。蓬生麻中，不扶而直；白沙在涅㉑，与之俱黑。兰槐㉒之根是为芷，其渐之滫㉓，君子不近，庶人不服。其质非不美也，所渐者然也。故君子居必择乡，游必就士，所以防邪辟而近中正也。

物类之起，必有所始。荣辱之来，必象其德。肉腐出虫，鱼枯生蠹。怠慢忘身，祸灾乃作。强自取柱，柔自取束㉔。邪秽在身，怨之所构。施薪若一，火就燥也㉕，平地若一，水就湿也。草木畴生，禽兽群焉，物各从其类也。是故质的㉖张，而弓矢至焉；林木茂，而斧斤至焉；树成荫，而众鸟息焉。醯[27]酸，而蜹聚焉。故言有招祸也，行有招辱也，君子慎其所立乎！

积土成山，风雨兴焉；积水成渊，蛟龙生焉；积善成德[28]，而神明自得，圣心备焉。故不积跬[29]步，无以至千里；不积小流，无以成江海。骐骥[30]一跃，不能十步；驽马十驾[31]，功在不舍。锲[32]而舍之，朽木不折；锲而不舍，金石可镂。蚓无爪牙之利，筋骨之强，上食埃土，下饮黄泉，用心一也。蟹六跪[33]而二螯，非蛇鳝之穴无可寄托者，用心躁也。

是故无冥冥之志[34]者，无昭昭之明；无惛惛之事[35]者，无赫赫之功。行衢道[36]者不至，事两君者不容。目不能两视而明，耳不能两听而聪。螣蛇[37]无足而飞，鼫鼠[38]五技而穷。《诗》曰："尸鸠在桑，其子七兮。淑人君子，其仪一兮。其仪一兮，心如结兮！"[39]故君子结于一也。

昔者瓠巴[40]鼓瑟，而流鱼出听；伯牙鼓琴，而六马[41]仰秣[42]。故声无小而不闻，行无隐而不形。

玉在山而草润，渊生珠而崖不枯。为善不积邪？安有不闻者乎？

——选自《荀子·劝学篇》（战国）

【注释】

①君子：指有学问、有修养的人。

②青取之于蓝：靛青，从蓝草中取得。青，靛青，一种染料。蓝，蓼蓝，一年生草本植物，茎红紫色，叶子含蓝汁，可以做蓝色染料。

③木直中绳：木材合乎拉直的墨线。

④𫐓以为轮：𫐓通“煣”，用火烤使木条弯曲。

⑤规：圆规。

⑥金：指金属制的刀剑等。

⑦就砺：拿到磨刀石上去磨。砺，磨刀石。

⑧参省乎己：多次对自己进行检查、省察。参，同“叁”，多次。

⑨深谿：深涧。

⑩干越：吴国和越国，泛指南方民族。干，即古代邗国，后被吴国所灭，此处指吴国。

⑪夷貉（mò）：泛指古代北方的少数民族。

⑫“诗曰”六句：引自《诗经·小雅》的《小明》篇。

⑬神莫大于化道：神，事理微妙无穷，这里指学问达到较高境界时的精神状态。化道，指受到学问的熏陶而气质有所变化。

⑭跂：踮起脚后跟站着。

⑮而见者远：意思是远处的人也能看见。

⑯疾：快，速，这里引申为“洪亮”，指声音宏大。

⑰绝：横渡。

⑱蒙鸠：即鹪鹩，一种善于筑巢的小鸟。

⑲苇苕：芦苇的嫩条。

⑳射（yè）干：一种多年生的鸢尾科草本植物，有不规则的块状的根状茎。

㉑涅：黑土。

㉒兰槐：一种香草。
㉓其渐之滫：沾染浸渍上臭汁或尿水。
㉔强自取柱，柔自取束：刚强的东西自己招致折断，柔弱的东西自己招致约束。
㉕施薪若一，火就燥也：如果把干柴和湿柴放在一起，火会先往干的柴火烧去。
㉖质的：箭靶的中心。
㉗醯（xī）：醋。
㉘积善成德，而神明自得，圣心备焉：积累善行而养成品德，达到很高的境界，通明的思想（也就）具备了。
㉙跬：古代的半步。古代称跨出一脚为“跬”，跨两脚为“步”。
㉚骐骥：骏马，千里马。
㉛驽马十驾：劣马拉车连走十天。驾，马拉车一天所走的路程叫“一驾”。
㉜锲：用刀雕刻。
㉝六跪：六条腿，蟹实际上是八条腿。跪，蟹脚。
㉞冥冥之志：专一虔诚的精神。
㉟惛惛之事：默默地努力工作。
㊱衢道：歧路。
㊲螣蛇：传说中一种能兴云雾的会飞的蛇。
㊳鼫鼠：古书上的一种大老鼠，居于土穴树洞中。据说鼫鼠有五种技能，但是会而不精，即“能飞不能上屋，能缘不能穷木，能游不能渡谷，能穴不能掩身，能走不能先人”，所以终无用处。
㊴“诗曰”后七句：引自《诗经·曹风》的《尸鸠》。尸鸠是一种鸟，类似布谷鸟一类。
㊵瓠巴：春秋战国时期楚国著名的琴师，最善鼓瑟，演奏时“鸟舞鱼跃”。
㊶六马：古代天子乘坐六马驾驶的马车。
㊷仰秣：马在吃草料时听到琴声而抬起头。

荀子像

【解读】

《劝学》选自是先秦儒家著作《荀子》的《劝学篇》，其作者是战国末期赵国的儒家学者荀子（约前313—前238），名况。《荀子》一书是记录荀子思想的主要著作，全书共32篇，内容十分丰富，囊括了荀子在哲学、逻辑学、伦理、政治、经济、军事、教育、科学、文学、艺术等各方面的学术成果。同时，《荀子》也达到了很高的文学价值，其文章浑厚严谨，说理透彻，多用比喻、对比、排比等手法，观点鲜明，论据充分，在先秦诸子的散文中独具特色。作为《荀子》一书的第一篇，《劝学》正体现了荀子的这种文风。

君子说：学习是不可以停止的。靛青从蓝草中提取，却比蓝草的颜色还要青；冰是由水凝结而成，却比水还要寒冷。笔直的木材合乎墨线，如果把它烤弯制成车轮，其弯曲的程度合乎圆规，即使再枯干也不会再挺直了，这是经过加工的结果。所以说，木材经过墨线量过就能取直，刀剑金属在磨刀石上磨过就能锋利，君子广泛地学习，同时每天反省自己，就会聪明多智，行为也不会有差错了。

不登上高山，就不知天有多高；不面临深涧，就不知道地多厚；不懂得先代帝王的遗教，就不知道学问的博大。南方和北方民族的人，出生时的啼哭声是一样的，但长大后的习俗却大不相同，这就是后天教育的结果。《诗经》上说：“君子啊，不要老是想着安逸，认真对待你的本职，追求正直的德行，神明得知这一切自会赐给你巨大的幸福。”没有比学问熏陶下更高的神奇境界，也没有比无灾无祸更长远的福分。

我曾经整日思考，却不如片刻之间学到的知识多；我曾经踮起脚远望，却不如登到高处看得更远。登到高处挥手，手臂并没有变长，可是别人在远处也能看得见；顺着风呼喊，声音没有变大，可是别人在远处也能听得清楚。乘坐车马的人，并不是自己走得快，却可以行至千里；借助舟船的人，并不是能游水，却可以横渡江河。君子的本质跟普通人没什么不同，只是君子善于借助外物罢了。

南方有种鸟叫“蒙鸠”，用羽毛编成鸟窝，系在芦苇的嫩枝上，

《枇杷山鸟图》页（宋）

结果风一吹就掉下来，窝里的鸟蛋也都摔烂了。它不是窝没有编好，而是不该系在芦苇上面。西方有种草叫“射干”，只有四寸高，却能俯瞰百里，并不是草长得高，而是因为它长在了高山之巅。蓬草长在麻地里，不用扶持也能立住；而白沙混进了黑土里，就再也不能变白了；兰槐的根叫香艾，一旦浸入臭水里，所有人都会避之不及，不是它本身不香，而是沾染了臭味。所以君子居住要选择好的环境，交友要选择有德之士，才能够远离邪恶，保持正直。

事情的发生都是有起因的，荣辱的降临也与德行相应。肉腐了会生蛆，木朽了会生虫，忘记做人的准则就容易发生祸患。太坚硬的东西容易断裂，太柔弱了又会招致束缚，与人不善会惹来怨恨；干柴易燃，低洼易湿，草木丛生，野兽成群，万物皆以类聚。靶子设好了就会有弓箭射来，树木长成了森林就会有斧头砍伐，树林繁茂荫凉就会有鸟兽投宿，醋变酸了就会招惹蚊虫，而言语不慎可能招祸，行为不慎可能受辱，所以君子为人处世不能不保持谨慎。

土石堆积成了高山，风雨就从此处兴起了；积水汇流成为深渊，蛟龙就从此处产生了；积累善行养成高尚的品德，那么就会达到最高的智慧，也就具有了圣人的精神境界。因此不积累每一小步的行程，就不能达到千里之远；不汇聚细小的流水，就没有办法汇成江河大海。骏马用力一跃，最多不过十步远；而劣马拉车

《螃蟹》立轴 齐白石（现代）

走上十天也能走得很远，就在于它不停歇。如果刻几下就停下来了，即使是腐朽的木头也无法刻断；但如果不停地刻下去，那么金石也能雕刻成功。蚯蚓没有锋利的爪子和牙齿以及强健的筋骨，却能向上吃到泥土，向下喝到泉水，这是由于它用心专一。螃蟹有八只脚和两只大钳子，却要借助蛇、蟮的洞穴才能存身，这是因为它用心浮躁。同样，没有刻苦钻研的精神，就无法取得显著的成绩；没有默默地埋头苦干，就不会有巨大成就。走在歧路上就无法到达目的地，同时侍奉两个国君的人，双方都不能容纳他。眼睛不可能同时看两样东西而看得明白，耳朵不能同时听两种声音而听得清楚。螣蛇没有脚却能腾空飞起，鼫鼠有五种本领却还是没法生存。《诗经》上说：“布谷鸟筑巢在桑树上，喂养七只幼鸟也能有条不紊。善良的君子们行为要专一而不偏邪，意志才会坚如磐石。”所以正人君子的意志必须始终坚定专一。

古时著名的琴师瓠巴在鼓瑟的时候，水中鱼儿也浮出水面倾听，而音乐家俞伯牙弹琴的时候，拉车的马也会驻足仰头倾听。所以声音不会因为微弱而不被人听见，行为不会因为隐秘而不被人发现。美玉埋在深山，草木就会很滋润，珍珠掉进深渊，崖岸就不会干枯。行善也可以积累，哪有积善成德而不被广为传诵的呢！

在本文中，荀子系统地论述了学习的重要性以及方法和途径。文章开篇就郑重地写道：“君子曰：学不可以已。”这不但是《劝学》篇的第一句，也是《荀子》全书的第一句。与孟子的“人性本善论”观点相反，荀子认为“人性本恶”，所以人都需要后天环境和教育的影响和改造，首先提出学习不可以停止，就是想抓住关键，解决根本问题。

师说

古之学者①必有师。师者，所以传道②受业③解惑也。人非生而知之者④，孰能无惑？惑而不从师，其为惑也⑤，终不解矣。生乎吾前，其闻道⑥也固先乎吾，吾从而师之⑦；生乎吾后，其闻道也亦先乎吾，吾从而师之。吾师道也，夫庸知其年之先后生于吾乎⑧？是故无贵无贱，无长无少，道之所存，师之所存⑨也。

嗟乎，师道⑩之不传也久矣，欲人之无惑也难矣！古之圣人，其出人⑪也远矣，犹且从师而问焉；今之众人，其下圣人也亦远矣，而耻学于师。是故圣益圣，愚益愚⑫。圣人之所以为圣，愚人之所以为愚，其皆出于此乎？

爱其子，择师而教之；于其身也，则耻师焉，惑矣[13]。彼童子之师[14]，授之书而习其句读[15]者也，非吾所谓传其道解其惑者也。句读之不知，惑之不解，或师焉，或不焉[16]，小学而大遗[17]，吾未见其明也。巫医[18]乐师百工[19]之人，不耻相师。士大夫之族，曰师曰弟子云者，则群聚而笑之。问之，则曰："彼与彼年相若也，道相似也，位卑则足羞[20]，官盛则近谀[21]。"呜呼！师道之不复，可知矣。巫医乐师百工之人，君子[22]不齿[23]，今其智乃反不能及，其可怪也欤[24]！

圣人无常师。孔子师郯子[25]、苌弘[26]、师襄[27]、老聃[28]。郯子之徒，其贤不及孔子。孔子曰："三人行，则必有我师[29]。"是故弟子不必不如师，师不必贤于弟子，闻道有先后，术业有专攻[30]，如是而已。

李氏子蟠[31]，年十七，好古文，六艺经传[32]皆通习之，不拘于时[33]，学于余。余嘉其能行古道，作《师说》以贻之。

——韩愈（唐）

【注释】

①学者：求学的人。
②道：指儒家孔子、孟子的哲学、政治等原理、原则。
③受业：传授古代经、史、诸子之学及古文的写作。受，通“授”。
④人非生而知之者：语出《论语·述而》：“子曰：‘我非生而知之者，好古敏以求之者也。’”孔子承认有生而知之的人，但认为自己并非这样。韩愈则进一步明确没有生而知之的人。
⑤其为惑也：那些成为疑难的问题。
⑥闻道：语出《论语·里仁》：“子曰：‘朝闻道，夕死可矣。’”
⑦从而师之：跟随他，拜他为老师。
⑧夫庸知其年之先后生于吾乎：哪管他的年龄比我大还是比我小呢。
⑨道之所存，师之所存：知识、道理存在的地方，就是老师存在的地方。
⑩师道：从师学习的风尚。
⑪出人：超出（一般）人。
⑫是故圣益圣，愚益愚：因此聪明人更加聪明，愚蠢的人更加愚蠢。
⑬惑矣：糊涂啊！
⑭彼童子之师：那些教小孩子的老师。
⑮句读（dòu）：也叫句逗。古代称文辞意尽处为句，语意未尽而须停顿处为读（逗），句号为圈，逗号为点。古代书籍上没有标点，老师教学童读书时要进行句逗的教学。读，通“逗”。
⑯或师焉，或不（fǒu）焉：有的（指“句读之不知”这样的小事）请教老师，有的（指“惑之不解”这样的大事）却不问老师。
⑰小学而大遗：小的方面（句读之不知）要学习，大的方面（惑之不解）却遗忘了。
⑱巫医：古代用祝祷、占卜等迷信方法或兼用药物医治疾病为业的人，连称为巫医。《论语·季氏》：“人而无恒，不可以作巫医。”视为一种低下的职业。
⑲百工：泛指手工业者。
⑳位卑则足羞：以地位低（的人为师）就令人羞愧。
㉑谀（yú）：奉承、谄媚。
㉒君子：古代“君子”有两层意思，一是指地位高的人，一是指品德高的人。这里用前一种意思，相当于士大夫。
㉓不齿：不屑与之同列，表示鄙视。
㉔其可怪也欤：难道值得奇怪吗？
㉕郯（tán）子：春秋时郯国（今山东郯城）的国君，孔子曾向他请教过传说中古代帝王少皞（hào）氏时代的官名。

㉖苌（cháng）弘：东周敬王时候的大夫，孔子曾向他请教古乐。
㉗师襄：春秋时鲁国的乐官，名襄，孔子曾向他学习弹琴。
㉘老聃（dān）：即老子，春秋时楚国人，思想家，道家学派创始人。孔子曾向他请教礼仪。
㉙“三人行”句：语本《论语•述而》：“子曰：‘三人行，必有我师焉。择其善者而从之，其不善者而改之。’”
㉚术业有专攻：学问和技艺上各自有专门的研究。攻：学习，研究。
㉛李氏子蟠：李蟠（pán），唐德宗贞元十九年（803）进士。
㉜六艺经传（zhuàn）：六艺的经文和传文。六艺，指六经，即《诗》《书》《礼》《乐》《易》《春秋》六部儒家经典。传，注解经典的著作。
㉝不拘于时：不受时俗的限制。时，时俗，指当时士大夫中耻于从师的不良风气。

【解读】

这篇《师说》的作者是唐代文学家韩愈。韩愈（768—824），字退之，唐代河阳（今河南孟州）人，因祖籍昌黎（今辽宁义县），世称“韩昌黎”。韩愈倡导古文运动，主张学习先秦两汉的散文，破骈为散，宋代文学家苏轼称他“文起八代之衰”，到明代更被列为“唐宋八大家”之首。

韩愈像

本文为唐贞元十八年（802）韩愈任四门博士时所作，文章感慨“师道之不传久矣”。中国人重视教育，自古以来，自上而下各级都设有官学，乡间私塾讲学更为人们重视，各种为师之道因此得以广泛传播。孔子打破了教育的门第观念，开“有教无类”之风气，此后诸子百家也均有讲学传道。两汉时期，学徒不远万里，寻求名师，登门求教。其中也有学子遍历中国，寻访各地名师求学问道，有曾子避席、张良拜师的故事流传至今。那么，为什么到了唐代，韩愈会发出“师道之不传也久矣”的慨叹呢？在唐代，魏晋以来的门阀制度仍有沿袭。贵族子弟都入弘文馆、崇文馆和国子学。他们无论学业如何，都可以为官。因此，在当时士大夫阶层中，普遍存在着尊家法而轻师道的心理。当时的吕温曾说：“公卿大夫耻为人师，至使乡校之老人，呼以先生则勃然东色。”“学者皆以不师为天纵，独学为生知。”可见唐代上层社会注重门第观念，只认功名富贵、权威势力而轻视教育。

由此可见，韩愈作《师说》并大张旗鼓地宣扬自己的观点，是难能可贵的。他以“李氏子蟠”从师学习的事例，赞扬李蟠“不拘于时”“能行古道”，并说明了写作本文的缘由。继第三段引“古之圣人”孔子从师的范例之后，作者以李蟠作为当时后生晚辈从师求学的范例，对李蟠加以勉励，对当时求学的人则是一种号召。

黄褐釉龙柄瓷壶（唐）

韩愈在文中说，自古求学之人都有老师。老师，就是传授道理、教授学业、解答疑难问题的人。一个人不可能生来就懂得道理，谁能没有疑惑呢？有疑惑却不跟从老师学习，那疑惑就始终无法解决。在我之前出生的人，他懂得道理比我早，我跟从他，拜他为师；而在我之后出生的人，他懂得道理如果也比我早，我也把他当老师，我学的是道理，哪管年龄比我大还是比我小呢？因此，不论地位显贵还是地位低下，不论年长还是年少，谁懂得道理多，谁就是我的老师。

但是，从师学习的风尚已经很久没有流传了，人们肯定有很多的疑惑。古代圣贤的学问远远超过普通人，尚且要向老师请教；而现在的普通人比先贤差得远了，却以拜师求学为耻。圣人之所以成为圣人，愚人之所以成为愚人，大概就是这个缘故！

人们都爱自己的孩子，所以会为孩子精心挑选有学问的老师。不过他们自己却往往以从师学习为耻，这真是糊涂。启蒙老师只是教孩子们读书写字，识文断句，还不是为人传授道理、解答疑惑的老师。人们不懂断句，知道要向老师求教，但是有难解的疑惑却不从师，仅仅注意小处学习，却放弃了大的方面，这实在是不明智。医生、乐师及各种工匠都不以互相请教为耻，而士大夫一流的人，如果有谁称人家为老师，自称为学生，其他人就会一起嘲笑他。问那些人嘲笑的原因，他们会说：“这两人年龄相近，修养和学问也差不多，怎么能称为老师呢？以地位低的人为师让人羞愧，以官位高的人为师那就近于谄媚了。”可见从师学习的风尚不容易恢复啊。士大夫不屑与医生、乐师及工匠为伍，但现在士大夫的智慧反而不如这些人，这没有什么值得奇怪的。

圣人并没有固定的老师，孔子曾经以郯子、苌弘、师襄、老聃为师。而郯子等人的德才当然不如孔子。孔子说：“三人行，则必有

广东潮州韩文公祠（图片提供：微图）

我师。”学生不一定不如老师，老师也不一定就比弟子强，闻“道”有先有后，学问和技艺上各有各的主攻方向而已。

文章的最后，韩愈道出了写作这篇文章的初衷：李家的年轻人李蟠，年方 17 岁，爱好古文，六经的经文和传文都学过了。他不被世俗观念所限，向我学习。我对他遵行古人从师学习的精神十分赞许，特地写了这篇《师说》赠送给他。

习惯说

蓉少时①，读书养晦堂②之西偏一室，俯而读，仰而思，思有弗得③，辄起绕室以旋④。室有洼，径尺⑤，浸淫日广⑥。每履⑦之，足若踬⑧焉。既久而遂安之。

一日，先君子⑨来室中坐，语⑩之，顾⑪而笑曰："一室之不治，何以天下家国为？"顾谓童子取土平⑫之。

后蓉复履其地，蹶然⑬以惊，如土忽隆起者。俯视，坦然，则既平矣。已而复然，又久而后安之。

噫！习之中人⑭甚矣哉！足之履平地，而不与洼适⑮也；及其久，则洼者若平⑯；至使久而即乎其故，则反窒焉⑰而不宁⑱。故君子之学，贵乎慎始⑲。

——选自《养晦堂诗文集》刘蓉（清）

【注释】

①蓉少时：我年少的时候。蓉，作者自称。
②养晦堂：刘蓉居室名，在湖南湘乡县。
③弗得：没有心得。
④旋：徘徊。
⑤径尺：直径一尺。
⑥浸（qīn）淫日广：日渐向外扩展。
⑦履：踩，走。
⑧若踬（zhì）：总是绊倒。
⑨先君子：自称死去的父亲。先，对已故的前辈使用的尊称。
⑩语之：对他谈了这事。
⑪顾：看。
⑫平：填平。
⑬蹶（jué）然：猛然。
⑭中（zhòng）人：适合于人，这里是影响人的意思。中，深入影响。
⑮不与洼适：不能适应凹地。
⑯洼者若平：走凹地像平地一样。
⑰窒焉：受阻碍的样子。窒，阻碍。
⑱宁：安宁。
⑲慎始：一开始就慎重。

【解读】

当人们在说优秀是一种习惯时，同时也在说另一句话：恶劣也是一种习惯。英国哲学家艾蒙斯将习惯与人生的关系说得更加

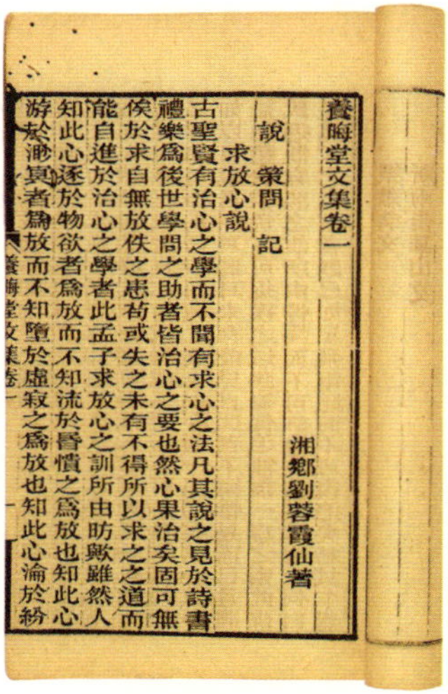
養晦堂文集卷一

湘鄉劉蓉霞仙著

說 策問 記

求放心說

古聖賢有治心之學而不聞有求心之法凡其說之見於詩書禮樂爲後世學問之助者皆治心之要也然心果治矣固可無俟於求自無放佚之患苟或失之未有不得所以求之之道而能自進於治心之學者此孟子求放心之訓所由昉歟雖然人知此心逐於物欲者爲放而不知流於昏憒之爲放也知此心游於渺冥者爲放而不知墮於虛寂之爲放也知此心淪於紛

養晦堂文集卷一 一

《养晦堂文集》书影

透彻：习惯不是最好的仆人，就是最坏的主人。其实，清代散文家刘蓉早在 200 多年前就想明白了这个道理，这篇《习惯说》就选自他的《养晦堂诗文集》。

刘蓉（1816—1873），字孟蓉，号霞仙，湖南湘乡人，是清代晚期著名的桐城派古文家。他在文中回忆了自己年少时的一件小事。少年时，刘蓉曾在家中养晦堂西侧的一间屋子里读书。他低头看书，遇到不懂的地方就抬起头来思索，想不出答案便在屋内踱来踱去。屋子有处洼坑，起初直径一尺左右，后来慢慢地越变越大。每次经过，他都要被绊一下。起初，刘蓉感到很别扭，时间一长也就习惯了。一天，父亲来到他读书的屋子里小坐，刘蓉就将屋里地面上的洼坑指给他看，父亲笑着说：“你连一间屋子都不能整治好，以后怎么治理国家呢？”随后就命童仆取土来将洼坑填平。

父亲走后，刘蓉再在屋里踱步时，走到原来的洼坑处，感到

《夜月读书》高翔（清）

脚下地面好像凸起了一块似的，心里一惊，低头再看，地面确实是平平整整的。下次再走过时，还是有类似的感觉，这样过了许多天，他才渐渐适应。

作者在最后感慨道，习惯对人的影响真是非常厉害的啊！脚踏在平地上，便不能适应坑洼；时间久了，洼地仿佛就是平的，以至把坑填平后却反而以为是阻碍，无法适应。所以说，君子做学问，最重要的就是慎重地对待开始的阶段，要养成良好的习惯。

什么是习惯？习惯是在较长一段时间里因不断重复而生成的一种无需思考即可再现的思想和行为模式。它的特点是一经生成，很难改变。有调查表明，人们日常活动的90%源自习惯和惯性。小到啃指甲、挠头、握笔姿势，以及双臂交叉等微不足道的事，大到一些关系到身体健康的事，甚至人们与朋友交往，与家人和同事如何相处，都是基于习惯。“习惯”是一把双刃剑，好习惯、坏习惯只是剑刃的两端。有人总结过成功人士的一个共性，那就是他们都具有基于良好习惯的日常行为规律。正是这些好习惯帮助他们开发出更多的潜能、成就更大的事业。

习惯最难的是它的养成，正如文中所说的：“故君子之学，贵于慎始。”当代教育家叶圣陶的《两种习惯养成不得》一文中，也提到了两种习惯不能养成，一旦养成后患无穷。一是不养成什么习惯的习惯，即没有长性，在刚开始“没有强制与警觉，今天东，明天西，今天这样，明天那样，那就什么习惯都养不成。而这今天东，明天西，今天这样，明天那样，倒反成为一种习惯，牢牢的在身上生根了”。二是妨害他人的习惯，即要养成良好的道德品质，不做损害他人的事情。其实，好习惯的养成与坏习惯的去除一样困难，我们需要做的就是养成或者保持好习惯，纠正坏习惯。

一个人从小到大都离不开学习，中国人讲“活到老，学到老”。人的学习一是知识的积累，另一个是感悟和践行。一个人即使懂得了很多知识，但如果这些知识不能被有效地转化为自身的经验，那么它们就无法被用来提升自己解决问题的能力，也无法在现实生活中发挥效用。也就是说，习惯的培养就是在为知识不断地升华提供源源不断的机遇——只有在习惯中形成外在的积累，才能让人得到内在的升华。

激扬文字——文学论说文

典论·论文

文人相轻①，自古而然。傅毅②之于班固③，伯仲之间④耳，而固小⑤之，与弟超书曰："武仲以能属文为兰台令史，下笔不能自休⑥。"夫人善于自见，而文非一体⑦，鲜能备善，是以各以所长，相轻所短。里语⑧曰："家有敝帚，享之千金。⑨"斯不自见之患⑩也。

今之文人：鲁国孔融文举、广陵陈琳孔璋、山阳王粲仲宣、北海徐干伟长、陈留阮瑀元瑜、汝南应玚德琏、东平刘桢公干，斯七子⑪者，于学无所遗⑫，于辞无所假⑬，咸自以骋骥騄于千里，仰齐足而并驰。以此相服，亦良难矣！盖君子审己以度人⑭，故能免于斯累，而作论文。

王粲长于辞赋，徐干时有齐气[15]，然粲之匹也。如粲之初征、登楼、槐赋、征思，干之玄猿、漏卮、圆扇、橘赋，虽张、蔡不过也，然于他文未能称是。琳、瑀之章表书记，今之隽也。应玚和而不壮；刘桢壮而不密。孔融体气高妙，有过人者；然不能持论，理不胜辞[16]；至于杂以嘲戏；及其所善，扬、班俦[17]也。

常人贵远贱近[18]，向声背实[19]，又患暗于自见[20]，谓己为贤。夫文本同而末异，盖奏议宜雅，书论宜理，铭诔[21]尚实，诗赋欲丽。此四科不同，故能之者偏也；唯通才能备其体。

文以气为主，气之清浊有体，不可力强而致。譬诸音乐，曲度虽均，节奏同检，至于引气不齐，巧拙有素，虽在父兄，不能以移子弟。

盖文章，经国之大业，不朽之盛事。年寿有时而尽，荣乐[22]止乎其身，二者必至之常期，未若文章之无穷。是以古之作者，寄身于翰墨，见意于篇籍，不假良史之辞，不托飞驰之势，而声名自传于后。故西伯幽而演易，周旦显而制礼，不以隐约而弗务，不以康乐而加思。夫然，则古人贱尺璧而重寸阴，惧乎时之过已。而人多不强力；贫贱则慑于饥寒，富贵则流于逸乐，遂营目前之务，而遗千载之功。日月逝于上，体貌衰于下，忽然与万物迁化㉓，斯志士之大痛也！

融等已逝，唯干著论，成一家言。

——选自《昭明文选》曹丕（三国魏）

【注释】

①相轻：相互轻视。

②傅毅：东汉辞赋家，字武仲，扶风茂陵（今陕西兴平东北）人。他博学多才，著有诗、赋、文章等28篇，辞赋中以《舞赋》较有名。

③班固：字孟坚，东汉史学家、文学家，扶风安陵人（今陕西咸阳东北），著有《汉书》《两都赋》。

④伯仲之间：兄弟排行的次第在老大和老二中间，比喻差不多，难分优劣。伯仲，兄弟排行的次第，常用“伯”“仲”“叔”“季”做次序，伯是老大，仲是老二；间，中间。

⑤小：轻视，看轻。

⑥不能自休：（文章冗长松散）自己也止不住。

⑦各以所长，相轻所短：各自以自己的长处，轻视别人的不足之处。长，长处；短，不足。

⑧里语：俗语，民间谚语。

⑨家有敝帚，享之千金：认为自家的破扫帚价值千金。比喻自己的东西即使不好也倍觉珍贵。有时用于自谦。

⑩患：害处，指文人之间互相轻视。

⑪七子：指建安七子，建安年间（196—220）七位文人的合称，包括孔融、陈琳、王粲、徐干、阮瑀、应玚、刘桢。这七人对于诗、赋、

散文的发展都曾做出过贡献，大体上代表了建安时期除曹氏父子外的优秀作者，所以“七子”之说得到后世的普遍承认。

⑫学无所遗：形容学识渊博，无所不晓。

⑬辞无所假：写文章时用词有所创新，没有因袭前人。

⑭审己以度人：审察自己以衡量别人。

⑮齐气：指文章风格舒缓。齐，齐人。气，习气。

⑯理不胜辞：道理不能胜过文辞。指由于不善于推理立论，尽管文辞丰富多彩，道理并不充分。

⑰俦（chóu）：同辈，伴侣。

⑱贵远贱近：看重古人，轻视今人。

⑲向声背实：指向往声名，背离实际。声，声名，这里指虚名。背，违背。

⑳自见（xiàn）：自我发现，即自知。

㉑铭诔（lěi）：泛指记述死者经历和功德的文章。

㉒荣乐：荣华逸乐。

㉓万物迁化：如同自然界的万物一样变化，指人的死亡。

【解读】

《典论·论文》的作者是三国时期曹魏政权的建立者魏文帝曹丕。曹丕（187—226），字子桓，是曹操的长子。他自幼好学，文武双全，不仅博览经传，通晓诸子百家之学，而且在诗文辞赋上都取得了很高的成就。他的诗作笔致细腻，格调清新，凄婉动人，代表作《燕歌行》更是我国现存最早的文人七言诗。曹丕与其父曹操、弟弟曹植同为建安文学的代表人物，并称“三曹”，对当时及后世文坛影响深远。

《典论》是曹丕在建安后期为魏太子时所写的一部政治、社会、道德、文化论集，由二十篇专文组成。但是这些文章如今大多已经失散，只剩下残章断简，只有《论文》由于被南朝齐的昭明太子萧统选入《昭明文选》而得以完整地保留下来。

曹丕在文章中说，文人之间相互看不起，自古以来就是这样

《历代帝王图》中的魏文帝曹丕像

的。东汉的傅毅与班固，二人的文才原本不分高下。然而班固却看不起傅毅，他曾给弟弟班超写信说："傅武仲因为能写文章当了兰台令史，但他下笔行文漫延无边，不懂得适可而止。"大凡人总是善于看到自己的优点，然而文章并不是只有一种体裁，能够对各种体裁都擅长的人很少。但是人们总是喜欢用自己所擅长的与别人不擅长的相比，正如乡间的俗话说："家中的破扫帚也觉得价值千金。"这其实就是看不到自己的短处。

当今的文人，值得称道的也就是鲁人孔融孔文举、广陵人陈琳陈孔璋、山阳人王粲王仲宣、北海人徐干徐伟长、陈留人阮瑀阮文瑜、汝南人应旸应德琏、东平人刘桢刘公干等七人而已。这“七子”在学问上可以说兼收并蓄，在文辞上也都自成一家，从不因袭前人，因此都像奔腾的千里马一样并驾齐驱，所以很难让他们互相钦服。曹丕反观自己的文才，自以为可以去评价别人，自以为也可以免于文人相轻之累，故而写此文章。

孔融像

曹丕认为，王粲擅长辞赋，徐干的文章带有齐人舒缓的风格，可与王粲相匹敌。如王粲的《初征赋》《登楼赋》《槐赋》《征思赋》，徐干的《玄猿赋》《漏卮赋》《圆扇赋》《橘赋》，即使是辞赋大家张衡、蔡邕也是比不过的。然而他俩的其他文章却不能与此相称。而陈琳和阮瑀的章、表、书、记这几类文章在当世是非常出色的。应旸的文章平和但气势不足，刘桢的文章气势雄壮但文理却不够细密。孔融的文章风韵气度高雅脱俗，有过人之处，然而却不善立论，词采胜过说理，甚至夹杂着玩笑戏谑之辞，至于所擅长的文体可以归入扬雄、班固一流。

一般人看重古人，轻视今人，崇尚名声，不重实际，但又有看不清自己的弊病，总以为自己贤能。文章就是用文辞来表达内容，这一本质是共通的，然而具体到某种体裁，形式又是不同的，如奏章、驳议宜文雅，书信、论说宜说理，铭文、诔文崇尚事实，诗歌、赋体则追求文辞华美。这四种文体各不相同，能文之士常常有所偏好，只有全才之人才能擅长各种体裁的文章。

文章是以“气”为主导的，气又有清气和浊气之分，不是靠出力气就能达到的。用音乐来作比，曲调节奏虽是相同的，但是演奏者运气行声却不会整齐划一，技巧也有优劣的差别，这一点即使是父亲和兄长也无法传授给儿子和弟弟。

文章关系到治理国家的大业，是可以流传后世而不朽的伟大事业。人的寿命有限，荣华逸乐也只能终于一身，二者都有一定的期限，不能像文章那样流传下去，永世不朽。古代的学者把自己的思想记录在文章书籍中，不必借史家的言辞，也不必托高官的权势，好的文章自然能流传后世。周文王因为被囚禁，而推演出了《周易》，周公旦因为显达而制作了《礼》；文王不因困厄而放弃事业，周公不因显达而更改志向。古人不看重一尺长的碧玉，却看重每一寸光阴。贫穷的人害怕饥饿寒冷，富贵的人沉湎于安逸之乐，都只知经营眼前之事，而放弃了流传千载的功业。日月在天上轮转，而人的身体倏忽之间就与万物一样变迁老死，真是令有志之士痛心疾首！孔融等人已经去世了，只有徐干著有《中论》，成为一家之言。

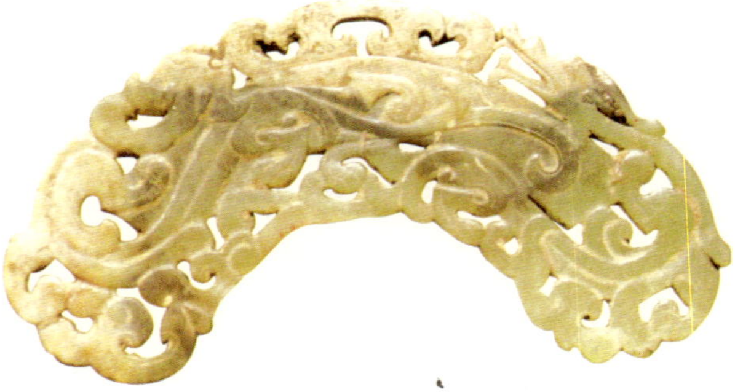

青玉透雕龙形璜（汉）

建安年间，社会战乱，民不聊生，两汉以来的社会秩序与价值观念都遭到冲击，文人的生活方式与文学观念都随之发生了变化。同时，由于各种思潮的矛盾与交流，品评文章的风气也逐渐形成。曹操、曹丕父子既是统治者，也是卓有见地的文学家，在他们的提倡下，文学创作格外活跃。曹丕的《典论·论文》是中国文学批评史上第一篇从宏观多视角论述文学理论问题的论文。它总结了建安文学的新特点和新经验，开创了魏晋南北朝文学批评的先河。

文章首先批评了“文人相轻”的风习，指出那是看不到自己的短处所造成的。接着，作者评论了建安七子在文学上的长处和不足，分析了各种文体的不同要求。接下来，作者提出“文以气为主”，这里的“气”指的是写作者的气质和个性。最后，作者将文学的社会功能提到“经国之大业，不朽之盛事”的高度，又说“年寿有时而尽，荣乐止乎其身”，不如文章能永世流传。

曹丕把此书命名为《典论》（典者，常也，法也）已经透露出他“立言不朽”的追求。他死后，其子魏明帝曹睿将该书刻石与“石经”并列，立于庙门及太学。这表明曹丕父子把《典论》视为堪与儒家经书并列的经典著作。

建安以前，文学受到经学束缚，少有独立地位。曹丕在文中提倡一种超功利的审美心态，所以鲁迅先生曾说：“曹丕的一个时代可以说是‘文学的自觉时代’，或如近代所说是为艺术而艺术的一派。”（《魏晋风度及文章与药及酒之关系》）曹丕的贡献还在于把文学的功利性与审美性统一起来。正如当代美学大家李泽厚所说：“曹丕所以讲求和提倡文章华美，是与他这种对人生‘不朽’的追求（世界观人生观）相联系的。文章不朽当然也就是人的不朽。”其实，文学的自觉就是人的自觉。人们已不满

《文苑图》周文矩（五代）

足于生前的建功立业，而是思索和追求死后怎样才能“不朽”。尽管生命无常，人生易老，血肉之躯难免要消逝，然而精神信念却可以包孕于文章之中。

人生是短暂的，富贵是相对的。但人类杰出的思想是可以跨越时空，指向永恒的。承载这些伟大思想的正是这些由文字铸就的文章。中国人自古以来热衷于把生命中最精华的部分贯注到文章里，曹丕把写文章视为“经国之大业，不朽之盛事也”。孔子可以视富贵如浮云，司马迁可以忍辱偷生，曹雪芹可以满纸荒唐……他们知道，他们的生命会留存在文章里，千古奔流。从布局谋篇，到遣词造句；从微言大义，到洪钟大吕，古人的文章气象万千。曹丕已经作古，但是他的这篇《典论·论文》仍然流传于世间。

答谢民师书

近奉违①，亟辱问讯②，具审③起居佳胜，感慰深矣。某受性刚简④，学迂材下⑤，坐废⑥累年，不敢复齿缙绅⑦。自还海北⑧，见平生亲旧，惘然如隔世人，况与左右无一日之雅，而敢求交乎？数赐见临⑨，倾盖如故⑩，幸甚过望，不可言也。

所示书教⑪及诗赋杂文，观之熟矣。大略如行云流水，初无定质⑫，但常行于所当行，常止于所不可不止，文理自然，姿态横生。孔子曰："言之不文，行而不远。⑬"又曰："辞达而已矣。⑭"夫言止于达意，即疑若⑮不文，是大不然。求物之妙⑯，如系风捕景⑰，能使是物⑱了然于心者，盖千万人而不一遇也。而况能使了然于口与手者乎？是之谓辞达。辞至于能达，则文不可胜用矣。扬雄⑲好为艰深之辞，以文⑳浅易之说，若正言㉑之，则人人知之矣。此正所谓雕虫篆刻㉒者，其《太玄》《法言》㉓，皆是类也。而独悔于赋，何哉？终身雕篆，而独变其音节㉔，便谓之经㉕，可乎？屈原作《离骚经》㉖，盖风雅之再变㉗者，虽与日月争光可也。可以其似赋而谓之雕虫乎？使贾谊见孔子，升堂有余㉘矣，而乃以赋鄙之㉙，至与司马相如同科，雄之陋㉚如此比者甚众，可与知者道，难与俗人言也；因论文偶及之耳。欧阳文忠公㉛言："文章如精金美玉，市有定价，非人所能以口舌定贵贱也。"纷纷多言，岂能有益于左右，愧悚㉜不已！

所须惠力法雨堂㉝两字，轼本不善作大字，强作终不佳；又舟中局迫难写，未能如教。然轼方过临江㉞，当往游焉。或僧有所欲记录，当为作数句留院中，慰左右念亲之意。今日至峡山寺㉟，少留即去。愈远，惟万万以时㊱自爱。

——苏轼（北宋）

【注释】

①奉违：指与对方告别。

②亟辱问讯：多次承蒙你写信问候我。亟（qì），屡次。辱，委屈，谦词。

③具审：完全了解。

④受性刚简：秉性刚强质直。

⑤学迂材下：学问迂阔，才干低下。

⑥坐废：因事贬职。苏轼于宋哲宗绍圣元年（1094）被放逐惠州，绍圣四年改谪儋州，元符三年才遇赦北归，前后达七年。

⑦复齿缙（jìn）绅：再列入士大夫阶层。

⑧还海北：这是指宋徽宗继位后，苏轼遇赦，自海南岛渡海北还的事。

⑨见临：来访。

⑩倾盖如故：一见如故。倾盖：《孔子家语》记载，孔子在去往郯的途中遇到程子，二人并车交谈，彼此的车盖相依而下倾。形容偶然相遇却如老朋友一般。

⑪书教：这里指书启、谕告之类的官场应用文章。

⑫质：这里指体式。

⑬言之不文，行而不远：出自《左传·襄公二十五年》，意为文章没有文采，就不能广泛流传。

⑭辞达而已矣：出自《论语·卫灵公》，意为文辞的表述要明白畅达，而不必过分修饰。

⑮疑若：怀疑。

⑯妙：奥妙。

⑰景：同“影”。

⑱是物。此物，指所求得事物的奥妙。

⑲扬雄：字子云，西汉著名学者。

⑳文：遮掩，粉饰。

㉑正言：直截了当地说。

㉒雕虫篆刻：雕琢字句的意思，比喻小技。

㉓《太玄》《法言》：均为扬雄所著。

㉔音节：指辞赋的用韵、讲求声调等。

㉕经：扬雄仿《易经》作《太玄》，仿《论语》作《法言》，自以为是“经”书。

㉖《离骚经》：汉王逸注《楚辞》，尊《离骚》为经，称《九章》《九歌》为传。

《苏轼回翰林院图》张路（明）

㉗风雅之再变：风雅，代指《诗经》。风雅中一些抒写幽怨之情的诗，汉人称为“变风”“变雅”。苏轼以《离骚》比附风雅，所以称“再变”。

㉘升堂有余：入门、升堂、入室，是道德学问修养由浅入深的三种境界。升堂有余，就是已达到“入室”的阶段。

㉙以赋鄙之：扬雄因为贾谊曾作过赋，所以轻视他。

㉚陋：识见低下。

㉛欧阳文忠公：欧阳修，文忠是他的谥号。

㉜愧悚（sǒng）：惭愧和恐惧。

㉝惠力法雨堂：惠力为佛寺名，法雨堂为寺中的一个堂名，谢民师曾求苏轼题写匾额。

㉞临江：今江西省清江县。

㉟峡山寺：即广庆寺，在今广东省清远县。

㊱以时：随时。

【解读】

《答谢民师书》又名《答谢民师推官书》，作者是北宋文学家苏轼。苏轼（1038—1102），字子瞻，号东坡居士，四川眉州人，是北宋时期成就最高的文学大家，他学识渊博，多才多艺，在诗词、散文、书法、绘画等各方面都有很高造诣。这篇《答谢

民师书》是苏轼写给朋友谢民师的一封信，信中表达了自己对文学创作的一些基本观点。

谢民师，原名谢举廉，是江西新干县溧江凰山村人，自幼聪慧，勤奋好学。宋元丰八年（1085），谢民师和叔父谢懋、谢岐以及弟弟谢世克同时进京参加会试，四人同中进士，轰动朝野，史称“文林四谢”。居“四谢”之首的谢民师，一向崇尚有才学的人，尤其对誉满天下的苏轼仰慕已久。绍圣元年（1094），北宋朝中主张变法的新党重新执政，身为旧党的苏轼被贬至惠阳（今广东惠州）。绍圣四年（1097），已经62岁的苏轼再次被贬到蛮荒的儋州（今海南儋县）。当时在广东做推官的谢民师得知苏轼的不幸遭遇，深感忧虑和不安。元符三年（1101），苏轼遇赦北还，九月底路过广州。谢民师多次携诗文登门求教，二人在短时间内结下了深厚的情谊。苏轼离开广州后，两人继续书信往来，《答谢民师书》就是苏轼写给谢民师的第二封信。

苏轼在信中谈到，谢民师给他看的信和诗赋杂文都熟读过了。这些文章都如行云流水一样，本来没有固定的形式，常常是该流动

海南海口的苏公祠（图片提供：微图）

时就流动，该停止时就停止，文理自如，姿态多变而不受拘束。孔子说：“语言缺乏文采，文章就不能流传得很远。”又说：“文辞能表达出意思就可以了。”似乎文辞仅需表达清楚意思，就不需讲究文采了——其实完全不是这样。要探求事物的微妙所在，就像把风拴系住、把影子捕捉到一样困难。而能够对所要写出的事物在心中彻底了然，千万人中也未必有一个，更何况在写作时也要表达清楚呢！只有做到这样才可说是文辞达意，而能清楚表达意思的文辞，一定是富于文采的。西汉的扬雄常使用艰深的语言以掩饰文中所讲道理的肤浅。这种写文章的方法就像他自己说的，属于“雕虫篆刻”。他的《太玄》《法言》都属于这一类。杨雄唯独看不起作赋，他一生讲求雕琢字句。其实他的《太玄》《法言》和赋相比，只是在音节上略有改变，就想让人称为“经典”。而屈原作《离骚经》，是变风、变雅的发展，堪与日月之光相提并论，不能因其文体与赋相近似就说它是雕虫小技。贾谊如果遇到孔子，孔子也会认为他的道德学养达到很深的境界了。而扬雄竟然因为贾谊写过赋而轻视他，甚至把他同司马相如一样看待，可见扬雄见识的浅陋。但是这些只能与明白事理的人讲，同一般人很难讲清楚。欧阳修说，好的文章如同纯金和美玉，有公认的价值，不是某些人随意褒贬就能决定其贵贱的。

在信中，苏轼主要阐述了两个关于文学创作的问题。一是提倡“文理自然”，就是内容要淳朴、明了，手法要清新、传神，反对“好为艰深之辞”的文风。二是在“辞达”的基础上，准确揭示事物的特征，同时充分表达作者的思想情感，要反对刻板、僵硬。

词论

乐府声诗①并著，最盛于唐。开元、天宝②间，有李八郎③者，能歌擅天下。时新及第进士开宴曲江④，榜中一名士，先召李，使易服隐姓名，衣冠故敝⑤，精神惨沮⑥，与同之宴所。曰："表弟愿与坐末⑦。"众皆不顾。既酒行乐作，歌者进，时曹元谦、念奴⑧为冠，歌罢，众皆咨嗟称赏。名士忽指李曰："请表弟歌。"众皆哂，或有怒者。及转喉发声，歌一曲，众皆泣下。罗拜⑨曰："此李八郎也。"自后郑、卫之声⑩日炽，流靡之变日烦⑪。已有《菩萨蛮》《春光好》《莎鸡子》《更漏子》《浣溪沙》《梦江南》《渔父》等词，不可遍举。五代干戈，四海瓜分豆剖⑫，斯文道息。独江南李氏君臣[13]尚文雅，故有“小楼吹彻玉笙寒”、“吹皱一池春水”之词[14]。语虽甚奇，所谓“亡国之音哀以思”[15]也。逮至本朝，礼乐文武大备。又涵养[16]百余年，始有柳屯田永[17]者，变旧声作新声，出《乐章集》，大得声称于世；虽协音律，而词语尘下[18]。又有张子野、宋子京兄弟，沈唐、元绛、晁次膺辈[19]继出，虽时时有妙语，而破碎何足名家！至晏元献[20]、欧阳永叔[21]、苏子瞻[22]，学际天人[23]，作为小歌词，直如酌蠡[24]水于大海，然皆句读不葺[25]之诗尔。又往往不协音律，何耶？盖诗文分平侧[26]，而歌词分五音[27]，又分五声[28]，又分六律[29]，又分清浊轻重[30]。且如近世所谓《声声慢》《雨中花》《喜迁莺》，既押平声韵，又押入声韵；《玉楼春》本押平声韵，有押去声，又押入声。本押仄声韵，如押上声则协；如押入声，则不可歌矣。王介甫[31]、曾子固[32]，文章似西汉[33]，若作一小歌词，则人必绝倒[34]，不可读也。乃知词别是一家，知之者少。后晏叔原[35]、贺方回[36]、秦少游[37]、黄鲁直[38]出，始能知之。又晏苦无铺叙。贺苦少典重[39]。秦即专主情致，而少故实。譬如贫家美女，虽极妍丽丰逸，而终乏富贵态。黄即尚故实而多疵病，譬如良玉有瑕，价自减半矣。

——李清照（南宋）

【注释】

①声诗：指可以配乐演唱的五七言诗。

②开元、天宝：唐玄宗李隆基的年号，分别为 713—741 年和 742—756 年，前后共计 15 年。

③李八郎：李衮，唐代有名的歌者。唐李肇《国史补》有记载。

④曲江：地名，在长安城东南，是唐代著名的皇家园林。

⑤故敝：破旧。

⑥惨沮：沮丧。

⑦坐末：陪坐末席。

⑧曹元谦、念奴：二者都是唐代有名的歌唱者。

⑨罗拜：团团下拜。

⑩郑、卫之声：本指春秋时郑、卫等国的民间音乐，由于儒家认为其音淫靡，不够高雅，将其斥为淫声。这里指靡靡之音。

⑪烦：多。

⑫瓜分豆剖：形容四分五裂。

⑬李氏君臣：指南唐中主李璟、后主李煜父子，以及冯延巳等人。

⑭“故有”句：出自《南唐书·冯延巳传》：“元宗尝戏延巳曰：‘吹皱一池春水，干卿何事？’延巳答：‘未如陛下小楼吹彻玉笙寒。’元宗悦。”

⑮亡国之音哀以思：语出《礼记·乐记》。原指国家将亡，音乐也多为哀伤的曲调，后多指颓靡的歌曲。

⑯涵养：准备。

⑰柳屯田永：北宋词人柳永，官至屯田员外郎，世称“柳屯田”。
⑱尘下：庸俗低下。
⑲张子野等：皆宋代词人。
⑳晏元献：北宋词人晏殊，去世后谥号“元献”。
㉑欧阳永叔：欧阳修，字永叔。
㉒苏子瞻：苏轼，字子瞻。
㉓天人：形容学问深不可测。
㉔酌蠡：舀取。蠡，瓠瓢。
㉕葺：整理。
㉖平侧：平仄，古代诗词中用字的声调，平指平直，仄指曲折。
㉗五音：指唇、齿、喉、舌、鼻所发的音。
㉘五声：指宫、商、角、徵、羽五声音阶。
㉙六律：指古代定乐器的标准，黄钟、太簇、姑洗、蕤宾、夷则、无射。后也泛指音乐。
㉚清浊轻重：即清音、浊音、轻声、重声。
㉛王介甫：王安石，字介甫，北宋文学家。
㉜曾子固：曾巩，字子固，北宋文学家。
㉝西汉：指以司马迁为代表的西汉文风。
㉞绝倒：笑倒。
㉟晏叔原：晏几道，字叔原，北宋词人。
㊱贺方回：贺铸，字方回，北宋词人。
㊲秦少游：秦观，字少游，北宋词人。
㊳黄鲁直：黄庭坚，字鲁直，北宋词人。
㊴典重：庄重。

【解读】

本文的作者是宋代的女词人李清照。李清照（1084—1155），号易安居士，齐州章丘（今山东章丘）人，生活在北宋末、南宋初年。她出生在书香门第，其父李格非官

明代《千秋绝艳图》中的李清照像

至太学博士，精通儒家经典，是“苏门后四学士”之一。她从小受到父亲教诲，打下坚实的文学基础。16岁那年，李清照嫁给太学生赵明诚，夫妇共同致力于书画金石的搜集整理，志趣相投，情谊甚笃。婚后生活优裕安闲，所以她的词作以描写爱情生活和四时景物为主。北宋灭亡后，李清照随丈夫逃亡江南，不久赵明诚病死，她孤身一人过着漂泊凄苦的生活。所以李清照的后期作品风格转为沉郁，题材以感怀身世、怀念故国为主。李清照的词语言优美，格调典雅清丽，情感深挚缱绻，取得了很高的艺术成就。《词论》是李清照早年所写的文章，也是最早的一篇词学专论，文中阐述了唐宋词的发展，评论了各家得失，还提出了关于词创作的主张，历来受到学者的重视。

古乐府歌与诗并列发展的最高峰，是在盛唐时期。唐代开元、天宝年间，有一位歌者叫李八郎，歌唱得妙绝天下。有一次，刚刚及第的进士们在曲江大宴宾客。其中有一位名士让李八郎故意穿着一身旧衣，戴着旧帽子，隐瞒自己的真实姓名，装成神情惨淡的样子，一同参加宴席。他对众人说：“这是我的表弟，让他陪坐末席吧。”参加宴会的人都对他毫不在意，边喝酒边听歌，许多歌者轮流出来献唱，其中以曹元谦、念奴二人唱得最好。唱完后，大家对二人的歌声赞叹不已。这时，那位名士忽然指着李八郎对大家说：“请让我表弟为大家演唱一首吧。”众人都哄笑起来，甚至还有人挺生气。可是当李八郎唱完后，众人都感动得哭起来，而且团团拜伏在他周围，纷纷说：“你肯定就是李八郎啊！”

从那以后，如同郑卫之声那种奢靡放荡的词曲愈发流行起来，这些音乐的柔靡与曲折变化也更见烦琐。唐朝时已经有《菩萨蛮》《春光好》《莎鸡子》《更漏子》《浣溪沙》《梦江南》《渔父》等词牌曲调。到了五代时候，各路诸侯纷纷建国，各地战乱不断，文学艺术的发展无从谈起，更没有人创作和传唱新曲了。这时只有南唐的李璟、冯延巳君臣雅好文学诗词，时有新作问世，其中有名的作品有李璟的《浣溪沙》、冯延巳的《谒金门》，如“小楼吹彻玉笙寒”、“吹皱一池春水”都是其中的名句。这些词句虽然奇特而优美，但是国家将亡，所唱出来的歌声也带着哀伤，不能算曲子词中的上品。

到了宋朝，礼仪、声乐、文章、武功都已经齐备了，又经过百余年的休养生息，才出现了柳永。柳永变乐府旧声为新声，有《乐章集》传世，确立了他在宋代词坛的地位。柳永的词虽然非常合于音律，但词句却未免过于俚俗。其他词人还有张子野（张先）、宋子京（宋祁）和宋公序（宋庠）兄弟，以及沈唐、元绛、晁次等人，这些人虽然时时有绝妙的语句传世，但通篇语意破碎，缺乏整体之美，不能称为名家。到了晏元献（晏殊）、欧阳永叔（欧阳修）、苏子瞻（苏轼）这些人时，他们学究天人，填这些小歌词应该就像拿着瓢去海中取水一样容易，但是所作的词全都是句子长短不齐的诗罢了，又往往不协音律，这是为什么呢？

这是因为诗和文章只分平仄，但词却要分唇、齿、喉、舌、鼻所发的五音，又分宫、商、角、徵、羽五声，又分黄钟、太簇、姑洗、蕤宾、夷则、无射六律，发音的清、浊、轻、重也各有分别。比如当世的《声声慢》《雨中花》《喜迁莺》等词牌，既可以押平声韵，又可以押仄声韵。《玉楼春》本押平声韵，有押去声，又押入声。本来是押仄声韵的，如果押上声韵则与音律协调，但如果押入声韵，就无法配乐歌唱。像是王安石、曾巩，他们的文章带有西汉之风，但如果去写词，只怕会让人笑倒，因为根本读不下去。

词是一种独立的文体，但明白这一点的人却并不多。后来晏几道、贺铸、秦观、黄庭坚这几位词人一出，才得到词中三昧。但是晏几道的词不善铺叙，贺铸的词不善用典。秦观的词致力于婉约，一片深情，词中却缺少实际内容，就像一个穷人家的少女，长得很漂亮，打扮也很入时，但却始终缺乏那种与生俱来的贵气。黄庭坚的词内容倒是很充实，却有些小毛病，就像一块美玉，却带有斑点，所以价值自然要打些折扣了。

在这篇《词论》中，李清照阐述了词在唐代、五代和宋代的流变，提出了词“别是一家说”的重要论点。她指出词必须有别于诗，在协音律以及内容、风格、表现形式等方面都应保持自己的特色。她批评柳永“词语尘下”，认为词要词句高雅；批评张先、宋祁诸家“有妙语而破碎”，认为词要意境浑成；批评晏殊、欧阳修、苏轼的词只是“句读不葺之诗”，认为词要协律，要分五音六律和清浊轻重；批评贺铸的词“少典重”，认为词应该典重；批评晏几道的“无铺叙”，认为词应有铺叙；批评秦观“专主情致，而少故实”、黄庭坚“尚故实而多疵病”。

李清照主张分别诗词畛域，对两种不同的文学体裁应该不同对待，应该说是合理的。词有自己固定的形式、发展规律和创作方法。柳、苏两家先后崛起，从词的形式和内容上，突破了传统的规模，开辟了广阔的道路。然而，当时确有一些文人，包括苏轼的某些作品，想运用词体来表达玄深的哲理。李清照对那些既疏于音律又毫无词境的作品提出批评，是不无道理的。